Tomislav Ivančić / Schön, dass es dich gibt

Bibliothek: Fünf Minuten für dich
Buch V

Originaltitel: Lijepo je što postojiš

Deutsche Übersetzung: Agnes Csenar-Schuster

Fotografien:
Frans Hoppenbrouwers (S. 10, 15, 16, 21, 26, 28, 32, 36, 41, 47, 53, 62, 66, 78, 86, 88, 107, 114, 119, 120);
Gilbert Hofmann (S. 6, 22, 48, 54, 58, 68, 73, 74, 82, 93, 94, 98, 102, 108, 113)
Zvonimir Atletić (S. 42)

Herausgeber: Grafocommerce ges.m.b.H. Salzburg

TOMISLAV IVANČIĆ

Schön, dass es dich gibt

Grafocommerce
ges.m.b.H.

Vorwort zur Deutschen Ausgabe

Im Laufe eines Jahres ist das Buch "Schön, dass es dich gibt" dreimal aufgelegt worden. Dies zeugt davon, dass es tatsächlich die Anliegen der Leserschaft punktgenau trifft. Eine Frau erzählte mir, dass dieses Buch sie und ihre Tochter wieder zusammenführte. Sie kam mit dem Buch nach Hause und streckte es ihrer Tochter entgegen, damit diese den Titel lesen konnte. Die Tochter, eine Studentin im dritten Studienjahr, wusste anfangs nicht, worauf die Mutter abzielte. Sie konzentrierte sich zunächst auf den Titel "Schön, dass es dich gibt", hielt kurz inne, um ihre Mutter schließlich verwundert zu fragen: "Meinst du das im Ernst?" Die Mutter nickte und hielt der Tochter nach wie vor das Buch vor Augen. Tränen der Rührung rollten dem jungen Mädchen über die Wangen. Zuallererst zögerte es, aber dann wandte es sich eilends der Mutter zu, umarmte diese liebevoll und beide verweilten noch lange in der Umarmung. "Noch nie gab es eine so tiefe Begegnung mit mir und meiner Tochter", gestand die Mutter. "Alle Meinungsverschiedenheiten zwischen mir und ihr schienen wie ausgeräumt und wir waren wieder ein Herz und eine Seele, voller Vertrauen und Zärtlichkeit zueinander".

Dies allein wäre Grund genug, dieses Buch auch anderen Gesellschafts- und Kulturkreisen, Menschen anderer Weltanschauungen und Muttersprachen, anzubieten. Deshalb freue ich mich besonders über die deutsche Ausgabe meines Buches. Dem heutigen Menschen machen seine Depressionen, sein Selbstmitleid und sein Misstrauen schwer zu schaffen. Er ist sein ganzes Leben über mit dem Scheffeln materieller Güter und der Gestaltung eines schönes Heims beschäftigt. In seiner Seele ist es jedoch kalt. Er fühlt sich verlassen, ist mitunter aggressiv, unzufrieden und leidet massiv an der Sinnlosigkeit des Lebens. An alles wird gedacht, aber an sich selbst denkt der Mensch dieser Tage am wenigsten. Seine geistige Seele blutet, weil das Leid sie zermürbt. Die Geistseele des Menschen sucht jemanden, der sie liebt und mit ihr alle irdischen Tode stirbt. Sie sucht jemanden, bei dem sie geborgen sein kann. Der Mensch braucht jemanden an seiner Seite, der ihm sagt: Schön, dass es dich gibt! Er spürt in seinem Innersten ein heftiges, sehnsüchtiges Verlangen nach Zärtlichkeit. Nur bedingungsloses Vertrauen in den Allmächtigen ist die Voraussetzung für Geborgenheit und ein umfassendes kreatives Potential. In meinen schwersten Lebenskrisen spendeten mir folgende Worte des Propheten Jesaja Trost: Ich habe dich beim Namen gerufen, du gehörst mir. Du bist in meinen Augen wertvoll. Ich liebe dich. Sieh her: Ich habe dich eingezeichnet in meine Hände und vergesse dich nicht. (Vgl. Jes. 43 und 49)

Dieses Buch bietet dem Menschen eine wirksame Hilfe, sein Vertrauen in Gott, aber auch in sein eigenes Leben wiederzufinden. Ich habe die feste Zuversicht, dass die Leserschaft des deutschen Sprachraumes dieses Buch als solches auch annehmen wird. Ich grüße herzlich jeden einzelnen Leser und erbitte für ihn Gottes reichen Segen und eine zärtliche Begegnung mit dem himmlischen Vater.

Der Autor
Zagreb, im Oktober 2005

Vorwort

Dieses Buch ist als schönes und passendes Geschenk an jene Menschen gedacht, die uns lieb und teuer sind, die es also wert sind "Schön, dass es Dich gibt" zu hören. Der Leser soll jedoch durch dieses Buch in erster Linie mit seinem Schöpfer in Verbindung kommen, der ihm auf jedem Schritt und Tritt diese Liebesbezeugung zuflüstert.

„Schön, dass es Dich gibt" wirkt lebenserweckend. Es haucht neues Leben ein. Weil der Mensch nur zu oft von Menschen und Dingen geblendet ist, vergisst er dies häufig. Aber in Wirklichkeit ist er nicht auf Menschen und Dinge angewiesen, sondern ist auf Gott hin programmiert. Wir werden heute von Stress und panischer Angst verfolgt. Wir treffen falsche Entscheidungen und es fehlt uns der Mut zu Taten. Wir konzentrieren uns viel zu sehr auf das Negative, statt Richtung Freiheit, die das Wesen des Geistes ist, aufzubrechen. Aus diesem Grund ist jeder Satz in diesem Buch, der uns mit dem Ursprung unserer Existenz vereint, ungemein wertvoll. Langsam werden wir den Blick auf die geistige Ebene richten und die Abhängigkeit von Menschen und Dingen abschütteln können.

Der Autor, dessen Betrachtungen nicht nur das Resultat seines Intellekts sind, sondern auch durch eine konstante spirituelle Lebensweise zu Stande gekommen sind, möchte seine reichen Erfahrungen mit Nähe, Liebe und Lebenssinn dem Leser dieses Buches weitergeben. Die Worte des Autors sind vom Geist beseelt. Der Funke dieses Geistes möge auf den Leser überspringen und ihm die Augen für die Wirklichkeit und Nähe des Schöpfers öffnen, der ihm fortwährend die Worte „Schön, dass es Dich gibt" wispert.

Lidija Krolo

Wer bin ich?

Wer bin ich?
Was habe ich zu tun?

Ich betrachte die Zimmerwände und vertiefe mich schließlich in die Bilder, die an den Wänden hängen. Ich gehe los und gelange auf die Straße. Menschen in großer Zahl! Sie alle werden von ihren Sorgen getrieben. Über mir schweben Vögel. Ein Lüftchen wiegt die Äste der Bäume. Die Dächer der Häuser glitzern in der Sonne. Ein Auto braust die Straße entlang. Man hört Passanten miteinander reden. Die Luft ist mild und angenehm. Ich schaue bedächtig um mich herum und plötzlich wird mir bewusst, dass ich lebe. Ich hebe mich von allem Sichtbaren ab. Ich bin einzigartig. Ich bin weder ein Haus, noch eine Wand. Ich bin nicht jemand anderer, kein Vogel, kein Baum und auch keine Straße. Ich bin *ich*.

Ich hebe meine Hand und weiß, dass diese ein Teil von mir ist. Ich verfolge mit meinen Augen, wie meine Füße dahinschreiten. Ich bin beeindruckt von meinen Beinen, die meinen Körper tragen. Mit den Augen schaue ich und mit den Ohren höre ich. Düfte dringen zu mir. Meine Hände wiegen sich und meine Schultern entspannen sich. Mein Mund würde am liebsten frohlocken: „Das bin ich. Ich lebe. Ich bin."

Durch eine unbekannte Tür trat ich aus dem Nicht-Sein ins Leben. Nun bin ich hier und wandle auf den Straßen des Lebens ebenso wie andere Menschen auch. Aber ich bin anders als sie. Ich bin mit ihnen nicht im Geringsten zu vergleichen. Ich bin nicht sie, ich bin ich. Über mir ist der Himmel und unter mir die Erde. Um mich herum wimmelt es von Dingen, von denen ich nur manche kenne.

Wer hat mich erschaffen? Wer hat mich mir zum Geschenk gemacht? Wessen Hand geleitet und behütet mich fernab aller gesellschaftlichen Normen. Welches gütige Wesen hat mir Eltern gegeben, die sich liebevoll um mich sorgen, und mir ermöglicht, aus dem Kind ein erwachsener Mensch zu werden? Nun bin ich hier und stelle mir die Frage: „Was habe ich zu tun? Warum bin ich hier? Was erwarten die Menschen von mir? Was verlange ich mir selber ab? Warum sandte mich der Schöpfer dieser Welt auf diesen Meridian, gerade in dieses Land, warum gehöre ich diesem Volk an? Warum lebe ich in dieser Stadt, in diesem Ort und diesem Haus? Warum?" Ich muss durch dieses Leben wandeln. Aber wohin soll meine Reise gehen und wie soll ich navigieren? Die Menschen leben auf vielerlei Art und Weise. Aber wie soll ich leben?

Ich muss in Erfahrung bringen, wie ich zu leben habe, damit ich niemals zugrunde gehe. Ich möchte meine Sehnsüchte stillen und ein Stück des Weges für andere Menschen erhellen.

Wer bin ich? Was habe ich zu tun?

Sein oder haben?

Wenn ich im Lehnstuhl sitze, lasse ich allmählich los. Ich versinke langsam in der Betrachtung meiner Seele und in allem, was mein Ich ausmacht. Wenn ich durch die Natur spaziere, glätten sich meine inneren Wogen und nach kurzem Innehalten frage ich mich: „Wer bin ich? Bin ich der Hörende oder der Sprechende? Ist meine Seele jemand anderer als ich? Bin ich jemand anderer als meine Seele? Ganz in mich gekehrt, erspüre ich meine Gedanken, Sehnsüchte und Entscheidungen. Ich entdecke meine Triebe und Bedürfnisse. Da signalisiert mir jemand in meinem Innersten, womöglich mein Ich, eine ethische Lebensführung anzustreben und ein moralischer, rechtschaffener Mensch zu sein. Gleichzeitig suggeriert mir eine andere Stimme, vielleicht mein Nicht-Ich, dass es sich nicht lohnt, gerecht, geduldig und liebevoll zu sein. Ich setze mich mit mir selbst auseinander und spüre ein heftiges Verlangen nach gutem Essen, schöner Kleidung, gesellschaftlicher Anerkennung, nach Besitztümern, nach der Anhäufung von Gütern und finanzieller Absicherung. Aber dann bahnt mir eine andere Sehnsucht einen neuen Weg und gebietet mir, alles zu vergessen, was ich habe, und etwas ganz Neues ins Auge zu fassen. Ich soll reflektieren, meditieren, beten, auf Entdeckungsreise gehen, meine Einstellung ändern und von nun an neue, faire, humane Entscheidungen treffen. Es ist wichtiger zu sein, als zu haben. Es ist wichtiger, ein ehrenhafter Mensch zu sein, wenn es sein muss auch mittellos, als alles zu besitzen, aber zu einem von Hass erfüllten und von Gewissensbissen geplagten Unmenschen zu verkommen.

Langsam gelange ich zur Erkenntnis, dass ich auch jener bin, der in meinem Innersten wohnt, dass ich mein Ich mit meinen eigenen Augen betrachten und mit meinen feinen Ohren erlauschen kann. Ich habe das Gefühl, ein geistiges Sinnesorgan zu haben, mit dem ich die Finessen der Moral, Ethik und Humanität unterscheiden kann.

Das Leben ist vergänglich. Alles was ich habe, werde ich eines Tages zurücklassen. Der Tod ist bittere Realität. Die gute Tat, die ich vollbracht, und die Träne, die ich einem Menschen getrocknet habe, werden bei mir bleiben, denn der Tod kann sie mir nicht entreißen. Die guten Taten und meine humanen, ethischen Werke werden auf ewig mein sein. Ich werde Spuren hinterlassen und viele werden auf ihnen wandeln wollen. Ich glaube, ich weiß, welchen Weg ich einschlagen muss.

Tief in meinem Innersten klingen die Worte von Augustinus: „Unruhig ist unser Herz, bis es ruht in Dir. Denn auf Dich hin, Gott, hast Du uns geschaffen."

Ich bin erschaffen worden, um mit meinen Bausteinen eine bessere Welt aufzubauen.

282

Ich bin am Zug

Wer bin ich? Ich bin weder die Inkarnation meines Körpers, noch meiner Seele, weder meiner Gedanken, noch der Tätigkeit, die ich ausübe oder der Aussagen, die ich treffe. Dennoch spreche und denke ich, trage Sorge für meinen Körper und meine Seele. Im Zentrum der zahlreichen Fähigkeiten meines Körpers und meiner Seele, inmitten der zahlreichen psycho-somatischen und geistigen Anlagen und Gaben stehe ich, der all das sein Eigen nennt. Alles, worüber ich verfüge, bin nicht ich und dennoch bin ich es, weil ich für alles, was meine Fähigkeiten hervorbringen, verantwortlich zeichne. Wenn es um Triebbefriedigung geht, habe einzig ich die Entscheidung zu treffen, wann und wie dies vonstatten gehen soll. Während sich meine Gedanken allmählich entfalten, bestimme ich, ob ich den Denkprozess stoppe oder noch intensiver weiterführe. Wenn ich das Bedürfnis verspüre, mich mitzuteilen, so ist es einzig meine Entscheidung, diesem inneren Drang nachzugeben oder ihn im Keim zu ersticken. Wenn meine Beine das Verlangen nach Bewegung signalisieren, so liegt es an mir, diese auszuführen. Ich entscheide über meine eigenen Fähigkeiten und deren Effizienz. Ich bin für das Positive, aber auch für das Negative, das sie hervorbringen, verantwortlich. Aber meine Anlagen sind nicht der Ausdruck meines Ichs. Sie gehören zu mir, sind aber nicht mit meinem Ich gleichzusetzen. Inmitten einer großen Anzahl von Fähigkeiten bin ich geheimnisvoll verborgen. Dieses ist mein Selbst, mein Herzstück, meine geistige Wirklichkeit, die immer bewusst vor ihrem Schöpfer steht. Diese meine geistige Anlage entscheidet über mein Schicksal.

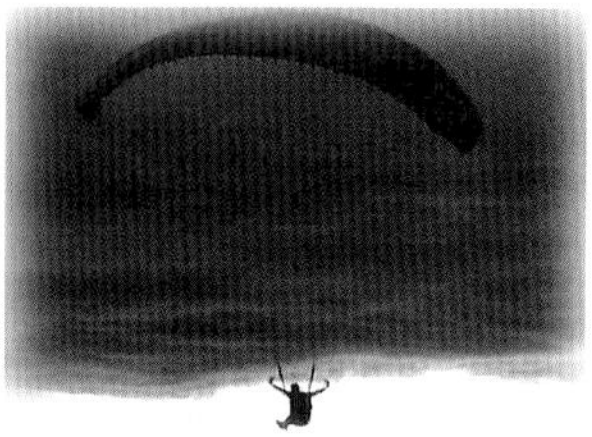

Wer bin ich? Ich trage einen Namen, aber er ist nicht identisch mit meinem Ich. Durch den Namen unterscheide ich mich nur von anderen Menschen. Ich bin anders als all die Milliarden von Menschen in der Menschheitsgeschichte bisher. Ich bin einzigartig, ein Original. Ich weiß nicht, wer mich schuf. Ich weiß nicht, wer mich mit all den Gaben ausstattete, die ich besitze, aber es ist mir klar, dass ich sie verwalte. Mein Ich ist für alles, was sich in und außerhalb von mir ereignet, zuständig. Ich bin Herr über mein Schicksal. Nur ich allein kann darüber verfügen, ob ich ein Verbrecher oder ein Heiliger sein möchte. Ich kann ein perfekter Demokrat sein, ein Menschenfreund, ein von einer Sucht Abhängiger, ein Sklave fremder Ideologien oder willensschwach und fremdgesteuert. Wer bin ich? Ich weiß, dass ich bin. Ich weiß auch, dass ich für die mir bewussten Taten Verantwortung trage. Ich weiß, dass all diese Gaben ein Geschenk sind und dass jener, der mir mich wie auch all meine Fähigkeiten zum Geschenk machte, akribisch beobachtet, was ich wohl daraus mache. Ich bin am Zug. Ich befinde mich auf der Lebensbühne. Jetzt, in diesem Augenblick, wird meine Zukunft entschieden. All meine Gaben und Talente, mein Körper und meine Seele, wurden mir nicht anvertraut, um ihnen blind zu gehorchen, sondern um mich ihrer zu bedienen. Mein Lebensziel besteht also darin zu lieben, Gutes zu tun, gerecht und anständig zu leben. Aber oftmals werde ich dazu verleitet zu hassen, mich in Abhängigkeit zu begeben, verbrecherische Taten zu vollbringen, Sünden zu begehen und unmenschlich zu handeln. Ich muss mein Schicksal in die Hand nehmen. Ich weiß, welcher Weg der richtige ist. Nur die Liebe erleidet niemals Schiffbruch. Gerechtigkeit vergeht nicht. Humanes Wirken bleibt auf ewig. Ich weiß, welchen Weg ich einschlagen muss.

Sei vom Geist beseelt

Die spirituelle Dimension des Menschen ist etwas Besonderes. Sie besteht aus seiner Wesensart, seinem Leben, Gewissen, Charakter und seinen Entscheidungen. Sein Geist kann sich nicht durch bestimmte Übungen entfalten. Er kann dem Menschen nur durch jemanden, der selbst vom Geist erfüllt ist, übertragen werden. Der Geist befindet sich nicht wie ein Großteil der Realität auf der psychophysischen Ebene. Der Erzieher kann dem Zögling auf psychophysischer Ebene etwas abverlangen und ihm in diesem Bereich eine gute Ausbildung angedeihen lassen. Doch der Mensch kann auf dieselbe Art und Weise nicht in moralisch-sittlicher Hinsicht geprägt werden. Der Zögling wird umso besser sein, je besser sein Mentor war. Aus diesem Grund werden Kinder auf spiritueller Ebene insofern geformt, dass Eltern selbst das anstreben, was sie von ihren Kindern erwarten, nämlich, vom Geist erfüllt und erleuchtet zu werden und das Wirken des Heiligen Geistes erbitten. Auf diesem Weg werden auch die Kinder diese Ebene erreichen. Nur auf diese Art und Weise können Schüler und eigene Kinder von Sucht, Aggressivität, Lastern und üblem Charakter befreit werden.

Das an Gott gerichtete Gebet, in dem ihn der Mensch als persönlichen Freund erlebt, stärkt die Kraft des Heiligen Geistes im gläubigen Menschen. Aus diesem Grund ist es auch sinnvoll, Gebete an Heilige zu richten, denn sie verfügen über einen stärkeren Geist als wir und die Kraft ihres Geistes wird

auf uns übertragen. Das Gebet zur Muttergottes ist überaus wirkungsvoll, denn sie ist voll der Gnade. Durch ihren Lobgesang wurde sie vom Heiligen Geist erfüllt. Jesu Jünger zu sein bedeutet, durch Askese, Gebet und das Lesen der Heiligen Schrift Voraussetzungen zu schaffen, dass die Kraft des Heiligen Geistes von Jesus auf uns überströmen kann.

Jemand trägt Sorge

Willst du ein sinnerfülltes Dasein führen, das heißt konkret glücklich sein, dann solltest du täglich deine Seele einer Reinigung unterziehen, ebenso wie du dir das Gesicht und den Körper wäschst und dich zurecht machst. Du solltest deine Seele mit den schönsten und hellsten Gedanken dieser Welt nähren und positive Visionen für sie entwerfen. Es ist notwendig, die Seele von allen negativen Gedanken und Impulsen reinzuwaschen. Sie muss unter allen Umständen von allem Negativen, dem Gefühl der Sinn- und Wertlosigkeit, insbesondere der Depression, dem Selbstmitleid und der Schuld befreit werden.

Finde einen ruhigen Ort, an dem du eine halbe Stunde lang ungestört sein kannst. Setze dich hin und lehne dich an. Stütze deine Beine ab. Du kannst auch die Augen schließen. Lasse zu, dass deine ganze Aufmerksamkeit auf deine Seele gerichtet ist. Sie lebt von Gottes Gegenwart, dessen Ermutigung und Trost. Sie ist Gottes Schützling. Er hat sie in dich eingehaucht, damit sie in der Tat mit göttlichen Gedanken, Gefühlen und Sehnsüchten erfüllt wird. Erinnere dich daran, dass du durch die Taufe zum Christen geworden bist. Du bist nun ein Kind Gottes. Erinnere dich daran, dass du in Jesus bist und Jesus in dir. Du hörst sein Wort und gehst zur Kommunion. Beherzige Jesu Worte: „Wie mich der Vater geliebt hat, so habe auch ich euch geliebt. Bleibt in meiner Liebe.“ Weiters betonte er, dass alles, was seinem Vater gehört, auch sein Eigentum ist und dass er alles, was er sein Eigen nennt, auch uns

essent
essent

Fasse mut

Er erwartet dich

Wir sind nur Menschen. Das heißt, dass wir lediglich Geschöpfe und keine Schöpfer sind. Allmählich entdecken wir die Welt, in der wir leben und erkennen uns auch selbst nur langsam. Die Welt und die Natur sind voll von wunderbaren Dingen, das Geheimnisvollste jedoch ist die menschliche Seele. Wir versuchen Überliefertem große Achtung entgegenzubringen und die Traditionen unserer Vorfahren zu bewahren. Frühere Generationen haben uns Häuser, Paläste, Fortbewegungsmittel, die Heilkunst, Kultur, Religion, Technik und die Staatskunst hinterlassen. Die Wissenschaft versucht dank des rapiden Fortschritts die Natur und den Mensch zu erforschen. Sie ist auf der Suche nach Antworten zu den Fragen: Was verkörpert der Mensch? Woher kommt er? Warum lebt er? Wohin geht er? Es ist wohl klar, dass dabei der Schöpfer der Natur und des Menschen gesucht und gefunden werden muss. Nur dieser kann nämlich die Antwort auf Fragen geben, die den Menschen bewegen: Wer bin ich? Wie bin ich? Was für eine Zukunft habe ich zu erwarten? Wird es einen Weltuntergang und ein Ende aller Zeiten geben? Der Schöpfer dieser Erde bestimmt das Schicksal des Menschen. Demnach müsste einer jeden Forschungstätigkeit der Gedanke zugrunde liegen, sich auf Spurensuche nach dem Schöpfer zu begeben und mit ihm Kontakt aufzunehmen.

Unsere Vorfahren haben uns, ebenso wie die katholische Kirche, den Glauben als Vermächtnis hinterlassen: Gott ist in Jesus von Nazareth Mensch geworden. Er hat sich in unserem menschlichen Wort verleiblicht. Die Heilige Schrift umfasst das Alte und das Neue Testament. Sie wird als Bibel

bezeichnet. In diesem vom Menschen verfassten Text ist das Wort Gottes enthalten. Gott hat die Gedanken des Menschen mit seiner Prägung versehen. Folglich spiegeln sich in der Ausdruckskraft der menschlichen Worte Gottes Wille und seine Gebote. Es ist daher außerordentlich wichtig, Gottes Wort zu studieren. Dabei ist es sinnvoll, sich zuallererst in das Neue Testament zu vertiefen und erst im Anschluss daran das Alte Testament zur Hand zu nehmen. Langsam wird man Gottes Gedankengänge nachvollziehen können. Man wird seine Sprache verstehen und seinen göttlichen Plan durchschauen. Bald wird man seine Gegenwart spüren und wissen, wie man ihm begegnet. Wir glauben, dass ein Geschöpf seinem Schöpfer, ebenso wie ein Kind seinen Eltern, gegenübertreten kann. So kann der Mensch auch Gott begegnen.

Beginne das Neue Testament zu lesen, damit du den Sinn deines Lebens erkennst und den Schlüssel zum Erfolg findest. Dann wirst du Frieden und Geborgenheit erleben, aus deiner Depression und deinem Selbstmitleid herausfinden und den Schmerz und die Ausweglosigkeit überwinden. Präge jenen Satz, der dich besonders fesselt, fest in deinem Gedächtnis ein. Rufe ihn Dir tagsüber immer wieder in die Erinnerung zurück. Labe dich unentwegt an ihm. Lass dich von ihm inspirieren und erquicken. Er soll Dir jedoch schon am Morgen, bevor du noch dein Tagwerk in Angriff nimmst, den Hunger stillen, dich rein waschen und für all die zu erwartenden Probleme des Tages wappnen.

Im Markusevangelium heißt es: „Das Reich Gottes ist nahe.“ Schreibe Dir diesen Satz ins Gedächtnis. In ihm verbirgt sich die Frohbotschaft, dass Jesus Christus dem Menschen das Reich Gottes gebracht hat. Er hat Gottes Herrschaft in Dir und in der Welt errichtet. Beim Weiterlesen wirst du auf den Satz stoßen: „Kehret um und glaubt an das Evangelium.“ Kehre um. Wende dich von deiner Depression, Krankheit und Ohnmacht, deinen

Altersbeschwerden, der Ausweg- und Sinnlosigkeit und deiner Trauer ab. All das wirkt zerstörerisch auf dich. Werde aktiv! Schau dich um – hinter deinem Rücken ist das Himmelreich. Gott selbst sieht dich liebevoll an, Engel sind deine Begleiter und Heilige beten für dich. Du bist nicht allein. Trete den Rückweg an. Bleibe nicht deinen Verderben bringenden Gedanken und Gefühlen verhaftet. Wende dich der Frohbotschaft und allem, was Dir Flügel verleiht, zu. Das Reich Gottes ist vor deiner Tür. Nimm die Frohbotschaft an. Jesus aus Nazareth erwartet deine Bitte, Dir Beistand leisten zu dürfen. Er wird Dir die Hand reichen, dich vor dem Abgrund retten, aus deinem Leid, deiner persönlichen Katastrophe und deiner Krankheit führen. Lege dein altes Kleid ab und glaube an die Frohbotschaft. Vergiss nicht: „Den ganzen Tag lang warte ich auf dich." Dieser Satz soll dich daran erinnern, dich dem Reich Gottes zu öffnen. Gottes Kraft, Intuition und Freiheit mögen dich durchströmen, heilen, von allen Fesseln befreien und Öl auf deine Wogen gießen. Kehre um. Das Reich Gottes ist nahe. Kehre um und glaube an das Evangelium!

Worte und Taten

Fasse Mut. Sei entschlossen. Habe die Zivilcourage, die Theorie in die Praxis umzusetzen. Halte nicht an Träumen fest, die in deinem Leben nicht zu verwirklichen sind. Versuche nicht, Unerreichbares anzustreben. Die Praxis bestätigt die Theorie, aber durch die Praxis findet auch die Theorie ihre Berechtigung. Nur durch die Praxis kann der Mensch zu menschlicher Größe reifen. In der Kirche wird das Evangelium verkündet, aber unter Millionen von Christen setzen nur Wenige das Gehörte in die Tat um. Viele Wunschträume bleiben für immer unerfüllt und drücken den Menschen zu Boden. Sie liegen wie Blei in seinen Gliedern, und es kommt das Gefühl der Sinnlosigkeit in ihm auf. Der Mensch fühlt sich wie ein toter Hafen, sagt der kroatische Lyriker Cesarić. Die Menschen lichten die Anker ihrer Schiffe, machen die Segel klar, aber ihre Schiffe stechen niemals in See. Nur jemand, der sein ursprüngliches Vorhaben in die Tat umsetzt, liefert den untrüglichen Beweis für sein Glück. Er wird zum Vorbild für andere. Er ist den anderen um eine Nasenlänge voraus. Er ist ihnen überlegen. Er hat die Wahrheit erkannt. Die Wahrheit liegt nicht in der theoretischen Verschmelzung von Verstand und Wirklichkeit, sondern in der praktischen Verwirklichung des Vorsatzes. Ist die Wahrheit die Verwirklichung des Vorsatzes und gleichzeitig Wirklichkeit, dann gibt es ohne ständiges Handeln, ohne Tatendrang und ohne Verwirklichung keine Wahrheit.

Unzählige Menschen schwingen heute große Töne von wichtigen Taten und Werken. Es soll Weltbewegendes vollbracht werden. Im Grunde bleibt jedoch alles nur schales Gerede. Sie kommen keinen einzigen Schritt weiter.

Es gibt immer eine zweite Chance

Das Herzstück der christlichen Botschaft ist die Umkehr. Das bedeutet, dass es im Leben keine unabänderlichen, tragischen und katastrophalen Situationen gibt. Immer ist ein Neubeginn möglich. Man muss sich nur aufraffen, aufstehen und auf den Weg machen. Ist dein beruflicher Erfolg ausgeblieben? Verzweifle nicht. Beginne von vorn. Dich hat dein Ehepartner verlassen? Kopf hoch! Begreife, dass nun eine neue Lebenssituation auf dich zukommt. Betrachte deine Ehe von einer anderen Perspektive. Bete für deinen Ehepartner und danke Gott für ihn. Indem du so offenherzig vor deinen Schöpfer trittst, bewirkst du die Rückkehr deines Ehepartners. Hat dich dein Freund verraten? Suche erneut das Gespräch mit ihm. Du hast Dir schon hundert Mal vorgenommen, offen und ehrlich zu sein, aber du hast erneut mit gespaltener Zunge geredet? Sei nicht enttäuscht. Wage einen neuen Versuch. Sei diesmal noch energischer und entschlossener. Ist dein Gebet nicht erhört worden? Verzweifle nicht. Bete nun noch inständiger. Hast du wieder eine schwere Sünde begangen und du schämst dich, zur Beichte zu gehen? Ändere deine innere Einstellung. Christlich zu leben bedeutet nicht, ohne Sünde zu sein, sondern diese zu bekämpfen und trotz Verfehlung die Chance der Beichte wahrzunehmen. So können alle Sünden ausgemerzt werden. Hast du den Entschluss gefasst, etwas zu erlernen, eine Arbeit zu erledigen, dich mit jemand zu treffen und doch nicht dein Wort nicht gehalten? Sei nicht traurig. Halte an deinem ursprünglichen Vorsatz fest. Bist du krank und glaubst, nicht wieder

gesund zu werden? Bei Gott ist nichts unmöglich. Bete zu ihm. Nimm das beste Arzneimittel ein und wähne dich gesund. Du tadelst deine Kinder oder Schüler zum wiederholten Male, aber all deine Ermahnungen treffen auf taube Ohren? Kränke dich nicht, deine Aufgabe besteht darin, die Kinder zur Ordnung zu erziehen. Es kommt einmal der Augenblick, wo deine Bemühungen Früchte tragen werden. Gelegentlich ist es notwendig, neunundneunzig Mal auf den Stein zu hauen, damit er beim hundertsten Male entzwei bricht.

Du bist nicht dazu da, Krankheiten zu tilgen und Sünden aus der Welt zu schaffen. Du brauchst nicht immer nur erfolgreich, prinzipientreu und ein perfekter Mensch sein. Der Knackpunkt dabei ist, nicht am Elend, an der Erfolglosigkeit, der Katastrophe und dem Tod zu verzweifeln. Es gibt immer einen Ausweg: die Umkehr.

Die Bedeutung des Dialogs

Durch den Dialog können Kriege verhindert und Konflikte gelöst werden. Bei Auseinandersetzungen, Kontroversen, Gesprächen und Differenzen können positive Resultate erzielt werden. Wenn der Dialog ausbleibt, können Kriege entstehen. Der Mensch weigert sich grundsätzlich, Argumente anderer gelten zu lassen. Er versucht vielmehr, anderen um jeden Preis seine Sichtweise aufzuzwingen. Alle kriegerischen Auseinandersetzungen sind Ausdruck einer Wirklichkeit, die typisch für selbstherrliche, unbelehrbare Menschen ist. Diese Menschen möchten andere zu Sklaven machen, indem sie den Dialog blockieren und boykottieren. Alle Aggressoren haben diskriminierendes Verhalten gemeinsam: Sie spalten die Menschheit in Rassen, Klassen, in Ost und West, Nord und Süd, als ob es gleiche und noch gleichere Menschen gäbe, als ob die einen mehr und die anderen weniger Mensch wären, als ob die einen Herren wären und die anderen als Sklaven auf dieser Welt ihr Dasein fristeten. Der Mensch ist in der gesamten Menschheitsgeschichte einzigartig. Er wurde vom allmächtigen Gott mit Körper und Seele geschaffen. Ihm bietet sich die Chance, den Himmel zu erklimmen. Er hat die Möglichkeit, in der göttlichen Natur mitzuwirken. Es gibt keine Klassifizierung zwischen dem Sklaven und dem Freien, dem Juden und dem Griechen, dem Amerikaner und dem Europäer, dem Afrikaner und dem Asiaten. Es gibt keine Schwarzen und Weißen, keine Roten und Gelben. Wir sind alle gleich. Nur durch den Dialog kann man sich den Zutritt zu einem Menschen verschaffen und in ihm den Bruder oder die Schwester erkennen. Nur im Dialog kann der Mensch darlegen, warum er Widerstand entgegensetzen oder zum Angriff ansetzen muss. Im Dialog können sich zwei entgegen gesetzte Seiten begegnen. Es wird sich ihnen überraschend

eine dritte Perspektive eröffnen. Sie werden erfahren, dass es noch einen Weg gibt, nämlich die Verständigung und Einigung. Indem einer den anderen schätzen lernt, können sie in friedlicher Koexistenz miteinander leben. Ein Dialog erfordert Mut, intellektuelles Engagement, die Absicht und den Wunsch, sich an einen Tisch zu begeben, an dem Menschen verschiedener Charaktere sitzen. Die Verbalattacken anderer müssen bereitwillig ertragen und deren Gegenargumente sorgfältig abgewogen werden. Deshalb fürchten manche Menschen den Dialog. Aber gerade die Bereitschaft dazu lässt die Angst abklingen und Friede kehrt ein. Der Mut zum Dialog beweist Charakterstärke.

Der Dialog führt zwei entgegen gesetzte Seiten zusammen. Sie finden Berührungspunkte und besiegeln eine gegenseitige Zusammenarbeit. Sie setzen ihre vereinten Kräfte zur Problemlösung ein und entwickeln eine Vertrauensbasis. Jeder Mensch findet ein Lebensziel in Gott. Es gibt keinen Grund, mit einem Verbrecher nicht zu verhandeln. Ein korrupter Politiker kann nur durch den Dialog eines Besseren belehrt werden und auch selbst kann man sich nur auf diese Art und Weise der Korruption entziehen. Eine Sucht kann ebenso nur durch den Dialog, ein verständnisvolles Gespräch mit dem Süchtigen, und durch das gemeinsame Gebet, das vom allmächtigen Gott gezielt die Befreiung von der Sucht erbittet, geheilt werden. Nicht die Wortwahl ist entscheidend für einen Dialog. Das Herz, das Gewissen, der Intellekt, die Bereitschaft des Menschen zur Kooperation, die Aufgeschlossenheit und Konzilianz sind weit wichtiger. Der Dialog zwischen zwei Parteien beginnt im Herzen. Wenn all die aufgestauten Ängste, Frustrationen und Aggressionen, der Hass und die Vorurteile dem anderen gegenüber abgebaut werden, kann sich ein Dialog entspinnen. Ein reines Herz ist Voraussetzung für einen klaren Blick und offene Ohren. In dem Maße, in dem Gott den Dialog mit dem Menschen suchte und Jesus mit dem Sünder, ist es Aufgabe der Kirche, ohne Unterlass den Dialog mit dem Einzelnen, den Familien und den Völkern der Erde anzustreben.

Der Pfad in den Himmel ist mit dem Dialog gepflastert.

Die Verschiedenartigkeit akzeptieren

Die Ehe ist der Zusammenschluss zweier Menschen, die in vielerlei Hinsicht verschieden sind. Sie unterscheiden sich ihrem Körper, ihrer Seele und ihrem Geist nach. Der Mensch ist nach dem Abbild Gottes geschaffen. Das Gottesbild umfasst die Dreieinigkeit von Gott Vater, dem Sohn und dem Heiligen Geist. Drei verschiedene Personen bilden eine Einheit, und das ist Gott. Vom Mann kann niemals auf die Frau geschlossen werden und von der Frau nicht auf den Mann. Vom Vater und der Mutter kann nicht aufs Kind gefolgert werden. Die drei sind verschiedene Personen. Die Frau denkt anders, fühlt anders. Sie zieht vollkommen andere Schlüsse und hat einen anderen Willen. Der Mann spricht eine begriffsorientierte Sprache. Er drückt sich klar und unmissverständlich aus, die Frau wird von Intuition geleitet. Sie zieht ihre Schlussfolgerungen aus dem Verhalten des anderen aufgrund einer Annahme, die ihrem Gespür zugrunde liegt. Sie spricht eine Sprache der Seele. Ihr fehlt die maskuline Logik. Ihre Logik bezieht sich auf den emotionalen, psychischen und intuitiven Bereich. Der Mann bildet kurze Sätze mit objektivem Sinngehalt, die Frau holt aus und bewegt sich auf subjektiver Ebene. Der Mann drückt in einem Satz seine Gedanken aus, die Frau formuliert in vielen Sätzen ihre Gefühle und Sehnsüchte. Mann und Frau, Vater und Mutter, Bub und Mädchen, das sind verschiedene Welten. Sie können nie gleich sein, und sie dürfen auch nicht danach trachten, gleich sein zu wollen. Diese beiden unterschiedlichen Pole können nur in der Liebe eins werden. Ein Extrem sehnt sich unermesslich nach dem anderen, aber ihre Sehnsucht kann niemals zur Gänze gestillt werden. Deswegen ist die Ehe

unauflöslich und dauert ewig. Es ist nicht vernünftig, eine Ehegemeinschaft zu trennen. Sie ist ein schöpferischer Zusammenschluss zweier verschiedenartiger Menschen. Sie ist eine Gemeinschaft, wo der Mann durch die Verschiedenartigkeit der Frau bereichert wird und die Frau durch die Andersartigkeit des Mannes profitiert. Sie sind nur dann gemeinsam stark, wenn sie das gleiche Ziel verfolgen, wenn sie von der Sehnsucht getragen werden, in ihrer Verschmelzung und Partnerschaft jemand Dritter zu werden. Aus diesem Grund sind sie an ihren Kindern zu erkennen. Sie können ebenso in Gott einander gewahr werden, auch dann, wenn sie kinderlos geblieben sind. Gott ist nämlich ihre ganze Sehnsucht und die Verwirklichung ihrer Ehe.

Weil Mann und Frau so verschieden sind, kann eine Ehe nur auf der Grundlage eines Dialogs gelingen. Zum Wesen einer Ehe gehört, Missverständnisse zwischen Mann und Frau auszuräumen. Da sie so grundverschieden sind, müssen sie einander erklären, wie und was sie denken, was ihre Worte und Regungen bedeuten, was sie freut und was sie kränkt. All das kann weder der eine noch der andere erahnen. Es muss ausgesprochen werden. Deshalb müssen Mann und Frau in ständigem Dialog miteinander, aber auch mit ihren Kindern verbunden sein. Nur dadurch kann ihre Liebe wachsen, ihre Ehe eine untrennbare Gemeinschaft werden und ihre Familie von Glück begleitet sein. Zumindest einmal wöchentlich sollen die Ehepartner ungestört ein ausführliches Gespräch führen und einen Zeitpunkt vereinbaren, wo sie auch mit den Kindern ihre Gedanken austauschen. Dadurch können sie sich einander mitteilen und eine starke Beziehung pflegen. Die Ehepartner können dann in ihrer Ehe neue Kräfte mobilisieren, sich in ihrer Rolle sicher fühlen, ohne sich selbst aufgeben zu müssen. Sie können immer wieder zurück finden, auch wenn sie weggedriftet sein sollten. In der Ehe haben sie immer eine sichere Zufluchtsstätte, wo ihnen Verständnis entgegengebracht wird.

Mit Tugenden das Böse überwinden

Die Moraltheologie kennt sieben Hauptsünden: den Stolz, den Geiz, die Unkeuschheit, den Neid, die Unmäßigkeit beim Essen und Trinken, den Zorn und die Trägheit. Damit werden jene sittlich schlechten Eigenschaften des Menschen beschrieben, die er vermeiden müsste. Sollte er sich nichtsdestotrotz eine unredliche innere Grundeinstellung angeeignet haben, hat er gegen die geltende Moralauffassung verstoßen. Im Klartext bedeutet dies, dass er seine persönliche Freiheit verwirkt hat. Es ist allerdings nirgends, nicht einmal im Katechismus der Kirche verankert, wie diese sieben Hauptsünden umgangen werden können oder wie man sich davor schützt. Der Stolz kann nur durch Demut überwunden und der Geiz nur durch Gebefreudigkeit besiegt werden. Ein sittliches Leben beugt der Unkeuschheit vor. Vom Neid kann man sich nur durch Großzügigkeit befreien. Indem man Zurückhaltung beim Essen und Trinken übt, kann man den maßvollen Genuss von Speisen und Getränken erlernen. Durch Sanftmut kann man den Zorn zügeln und die Trägheit nur mit Fleiß überwinden. Es gibt zwischen dem Stolz und der Demut und zwischen der Tugend und der Sünde kein Hindurchlavieren. Ohne demütiges Verhalten kann der Stolz nicht abgewehrt werden. Es gibt keine Alternative außer der Hingabe. Daher ist es sinnvoll, nach Tugenden zu streben, die diametral zu den sieben Hauptsünden stehen. Schon von Kindesbeinen an sollte man sich in Demut, Gebefreudigkeit, Keuschheit, Großzügigkeit, Zurückhaltung, Sanftmut und Fleiß üben.

Eine Sünde begangen zu haben heißt nicht, konkret eine Übeltat vollbracht zu haben. Das Gebot „Du sollst nicht töten“ verbietet gleichzeitig,

sich in Gedanken eine Mordtat auszumalen und im Herzen zu planen. Es kommt nicht nur darauf an, saubere Hände zu haben, ein reines Herz ist das Um und Auf. Jesus sagt, dass der Sitz der menschlichen Moral das Herz ist. Wenn also das Herz rein und frei von Mordgedanken ist, kann der Mensch tatsächlich auch niemanden töten.

Sollte sich ein Mensch bloß verstandesmäßig im Griff haben und nur aus diesem Grund einen Mord unterlassen, dann ist er ein Pharisäer, ein Scheinheiliger. Die Maßstäbe der Moral können nur auf den Menschen in seiner Gesamtheit angelegt werden. Sonst könnte man Verbrecher in den Gefängnissen rasch als tugendhaft und anständig bezeichnen, denn dort begehen sie physisch ja keinen Mord.

Die Tugend ist eine Kraft, die dem Menschen zuteil wird, wenn er sich für das Gute, Anständige und Humane entscheidet. Die Tugend ist das Licht, das den Menschen umgibt. Tugenden sind wie Augen und Ohren. Sie sind wie Gefühle. Sie schaffen die einzigartige Atmosphäre, die Aura, und das Charisma eines Menschen. Die Tugend lenkt den Menschen zum Positiven und befreit ihn vom Makel der Sünde. Sie erweckt einen Toten zum Leben. Die Tugend ist das Licht, in dem der Mensch leben kann. Sie ist die Kraft, durch die er alle Katastrophen, Korruptionen, Abhängigkeiten, Aggressionen und Verbrechen überwinden kann. Die Tugend ist das Salz der Erde und der Sauerteig einer besseren Gesellschaft. Wer sich für ein tugendhaftes Leben entscheidet, hat sich selbst und die Welt zum Besseren verändert.

Sucht die Kraft des Heiligen Geistes!

Der Christ kann durch die Kraft des Heiligen Geistes die Gesellschaft, Wirtschaft und Politik verändern und neu gestalten. Diese Kraft ist so gewaltig, dass sie Dämonen austreiben kann. Sie ist im Stande, Ungerechtigkeiten und Bosheiten zu besiegen, Krankheiten zu heilen, den Hass zu tilgen und zwischenmenschliche Konflikte beizulegen. Sie ist die Kraft, die den Menschen von innen heraus reinigt und frei macht. Sie schafft eine Vertrauensgrundlage zwischen den Menschen und ist letztendlich für die Freude und das Glück verantwortlich. Aus der Kraft des Heiligen Geistes entsteht das Reich Gottes. Diese Kraft bietet dem auf Hass, Lüge und Zwietracht basierenden Imperialismus des Teufels Einhalt.

Aus dem Evangelium nach Lukas und aus der Apostelgeschichte geht hervor, dass Jesus seine Jünger mit diesen Tatsachen vertraut machte. Er verheißt ihnen, den Heiligen Geist zu empfangen werden, ihnen die Kraft des Heiligen Geistes zu verliehen. Er selbst wird sie mit der Kraft aus der Höhe ausstatten. Sie sollen jedoch nichts in seinem Namen tun, bis ihnen nicht Gottes Kraft zuteil wird. Demnach verlangt Jesus von seinen Aposteln nicht das Gebet um die Gaben des Heiligen Geistes, sondern die Bereitwilligkeit, die Kraft des Heiligen Geistes zu empfangen. Der heilige Paulus spricht in seinem Brief an die Korinther von den Gaben des Heiligen Geistes. Für Jesus sind dies Zeichen, an denen jene erkannt werden, die von der Kraft des Heiligen Geistes erfüllt sind. Im Konkreten geht es dabei um das Austreiben von Dämonen, das Reden in Fremdsprachen, die Immunität gegen Giftstoffe und um Krankenheilungen. Jesus spricht von Zeichen, und nicht von Gaben. Wenn der heilige Paulus den Begriff „Gaben“ verwendet, dann bedeutet dies, dass

jene, die mit der Kraft des Heiligen Geistes ausgestattet worden sind, auch mit Gaben beschenkt wurden.

Anders ausgedrückt, es ist sinnvoller, um die Kraft des Heiligen Geistes und nicht um dessen Gaben zu beten. Indem wir Gaben erbitten, bleibt uns die Kraft des Heiligen Geistes verwehrt und höchstwahrscheinlich auch die Gaben. Durch das Gebet um die Kraft des Heiligen Geistes sind wir im Stande, das Böse, das uns umfängt, abzuwehren. Der Heilige Geist bildet in uns alle Gaben heraus, deren Früchte die Tugenden sind, wie auch die Gaben, anderen Menschen dienen zu können.

Damit wir die Kraft des Heiligen Geistes empfangen können ist es notwendig, Jesu Anhänger zu werden, sich zu bekehren und ihm unsere Freundschaft anzubieten. Wer auf Jesu Spuren wandeln möchte, wird die Evangelien lesen, Jesu Lehre absorbieren und sein Gedankengut verinnerlichen. Er übernimmt seine Mentalität, seine Energie und Lebenskraft, seine Menschen- und Gottesliebe. Sich zu bekehren erfordert, dem Bösen, dem Hass, der Finsternis und den Dämonen zu entsagen und stattdessen tugendhaft und ehrlich zu leben. Es ist Zeit, sich vom Vertrauen und der Liebe tragen zu lassen. Jesu persönlicher Freund ist sich dessen bewusst, dass Jesus Mensch geworden ist und nun in seinem auferstandenen Leib in der Kirche gegenwärtig ist. Im Brief an die Hebräer heißt es, dass Abraham wandelte, als ob er den Unsichtbaren sähe. Ebenso sollen auch wir Jesus in Freundschaft verbunden sein. Es liegt an uns, mit Jesus Freundschaft zu schließen. Indem wir uns meditativ mit seinen Worten, Werken und mit seinem Geist auseinander setzen, versinken wir immer tiefer in Kontemplation. In diesem Zustand können wir Jesus dann als persönlichen Freund erleben. In seinem Strahlungsbereich ist es möglich, ein Reich der Barmherzigkeit, Gerechtigkeit und Kraft zu bauen.

Sucht also zuvor die Kraft des Heiligen Geistes und lasst Euch anschließend von ihr lenken.

Wie sind Attacken zu meistern?

Jeder Mensch ist in seinem Leben auch Zielscheibe von Attacken, Nörgeleien und Tratschereien. Einst wurden Intrigen mündlich gesponnen, heute veranstalten Printmedien, insbesondere die Regenbogenpresse, die verschiedensten Hetzkampagnen. Es findet sich in den Zeitungen wenig objektive Berichterstattung über das öffentliche Leben, jedoch eine Menge Reklame und der Rest ist Klatsch und Tratsch. Es wird durch das Schlüsselloch geschaut, der Mensch samt seiner Psyche enthüllt. Er wird in Misskredit gebracht. Es wird abfällig über ihn geurteilt. Man muss nicht korrupt sein, um als bestechlich abgestempelt zu werden. Man kann noch so anständig und ehrlich sein, böse Menschen können einem dennoch unlauteres Verhalten andichten, auch wenn dies jeder Grundlage entbehrt. Es ist schwer, Mensch zu sein und überaus mühsam, sich ein gutes Image in der Öffentlichkeit aufzubauen, es zu gewissem Ansehen zu bringen und im Ruf eines vertrauenswürdigen und integeren Menschen zu stehen. Böse Zungen gibt es überall. Sie sind in der Lage, die Reinheit eines guten Charakters zu besudeln.

Es ist wichtig zu wissen, wie man all die Angriffe übersteht. Die oberste Regel lautet, von beleidigenden Artikeln keine Notiz zu nehmen, sie unbeachtet zu lassen. Allerdings ist es noch wichtiger, Antworten auf allfällige Fragen parat zu haben und sich intellektuell den Intrigen zu stellen. Eine Protesthaltung ist das denkbar Schlechteste. Eine positive Haltung aus einem ehrbaren, guten Charakter heraus kann intelligente Menschen beeindrucken und häufig sehen diese dann ihre Verleumdung rasch ein. Darüber hinaus

kann man sich in Erinnerung rufen, dass auch Jesus Christus verleumdet, verspottet, ausgepeitscht und seiner Ehre beraubt wurde.

Du wirst von anderen nicht deswegen geachtet, weil Menschen Gutes über dich verbreiten, dir Respekt zollen und deine Gesellschaft suchen, vielmehr weil du Position beziehst, kühn und mutig bist, auf Gott vertraust und im Grunde deines Herzens weißt, dass letzten Endes nur Gott deinen Einsatz honorieren kann. Nur er allein kann die üble Nachrede stoppen und deine innere Würde und Größe hervorkehren. Solltest du schließlich auf dieser Erde nicht zu gebührenden Ehren gelangen und zu guter Letzt verspottet, verleumdet und verachtet sterben, denke daran, dass das wahre Leben erst nach dem Tode beginnt. In der Ewigkeit wirst du immerwährendes Ansehen genießen, und es wird Dir die Ungerechtigkeit auf Erden hundertmal vergolten werden. All jene, die Dir hier den Fehdehandschuh ins Gesicht schleuderten und dich gering schätzten, werden das Haupt vor Dir neigen und dich um Verzeihung bitten. Den endgültigen Sieg wirst du für dich verbuchen. Das letzte Wort ist entscheidend. Dein Blick sei auf die letzte Wirklichkeit, auf das ewige Leben gerichtet, dann wirst du alles ertragen können. Lass dich nicht zum Selbstmitleid hinreißen und von Depressionen zu Boden drücken. Denke positiv, schmiede neue Pläne, unternehme immer wieder Neues. Sprich nur Gutes über deine Mitmenschen und verzeihe deinen Feinden. Versuche jene, die dir Böses antun, zu lieben. Indem du für sie betest, werden sich in deinem Herzen Räume voll Frieden, Gelassenheit und Kreativität auftun. Du wirst über das Böse, das dir widerfährt, erhaben sein. Manchmal reicht ein wenig Souveränität und schon verändert sich alles zum Guten und du trägst den Sieg davon.

Wage den ersten Schritt

Der Glaube stellt nicht irgendeine Sympathie gegenüber Jesus dar. Er ist keine wohlwollende Geste oder gar ein formales Bekenntnis zu Jesu Kirche. Glaube entsteht, wenn wir den ersten Schritt wagen, den Jesus von uns verlangt. Er fordert Petrus und Andreas auf: „Folgt mir nach!", und sie leisten seiner Einladung Folge. Sie lassen ihre Netze liegen und folgen ihm. Er sagt zu Petrus: „Fahr hinaus auf den See! Werfe dort die Netze zum Fang aus." Petrus zögert zuerst, folgt schließlich der Aufforderung, und da geschieht das Wunder. Dem Gelähmten, den sie durch die Dachöffnung zu Jesus hinablassen, damit er ihn heile, befiehlt er: „Steh auf, nimm deine Tragbahre und geh nach Hause!" Dieser steht sofort auf, nimmt seine Bahre und geht weg. Man muss auf Jesus hören. Als Jesus über das Wasser ging, bat ihn Petrus: „Befiehl, dass ich auf dem Wasser zu dir komme." Jesus sagt: „Komm!" Petrus stieg aus dem Boot und ging über das Wasser auf Jesus zu. Als ein Aussätziger Jesus bittet: „Herr, wenn du willst, kannst du machen, dass ich rein werde," antwortet ihm dieser: „Ich will es – werde rein!" und sofort verschwindet der Aussatz. Als zehn Aussätzige zu ihm kommen, befiehlt er ihnen: „Geht und zeigt euch den Priestern." Nachdem sie taten, was ihnen befohlen war, wurden sie gesund. Dem Vater, der wegen seines sterbenden Sohnes kam, sagte er: „Geh hin, dein Sohn lebt!" Dieser Vater hatte Vertrauen. Seinen Glauben demonstrierte er dadurch, dass er nach Hause ging und dort seinen Sohn tatsächlich gesund vorfand. Dem Mann mit der verdorrten Hand befahl Je-

sus: „Streck deine Hand aus und trete in die Mitte." Dieser stellte sich in die Mitte, streckte die Hand aus, und sie war wieder gesund.

Es ist immer notwendig, Vertrauen in Jesus zu haben und den ersten Schritt zu tun. Dann wird er uns nämlich die Gnade gewähren, auch weiterhin im Glauben stark sein zu können. Im Psalm heißt es: „Erfülle dem Höchsten deine Gelübde." Wenn du den Herrn um Gesundheit oder um eine andere Hilfe bittest, versprich ihm, dass du in deinem Leben etwas verändern wirst. Entschließe dich für eine Wallfahrt, ein Fastenopfer, versöhne dich mit jemandem, gib Almosen, beginne täglich die Heilige Schrift zu lesen, setze alles daran, dich von einer deiner Sünden zu befreien, entscheide dich für ein diszipliniertes Leben, schimpfe von dem Zeitpunkt an nicht mehr und verleumde deine Nachbarn nicht. Versprich, eine gute Tat zu vollbringen. Das ist die Bemühung deinerseits, um glauben zu können, dass dein Gebet erhört wird. Es ist dann so, als ob Jesus zu dir sagte: „Komm, trete in die Mitte und strecke deine Hand aus, sei rein, sei gesund." Du hast bereits den ersten Schritt getan, eine Entscheidung getroffen, dich an ein Gelübde gebunden, Gott ein Versprechen gegeben. Du hast den ersten Schritt gesetzt und den Weg des Vertrauens und Glaubens eingeschlagen. Deswegen kann Gott deine Gebete erfüllen. Staune, was für eine Kraft von Jesus ausgeht!

Er ist Herr über deine Sünden, deinen Tod, deine Krankheit. Jesus befiehlt deiner Hand und deinem Bein intakt und deinen inneren Organen gesund zu werden. Deine Seele soll rein, frei und stark im Glauben sein. Möge dein Herz Jesu Befehl hören und ihm Folge leisten. Gebe dich ganz Jesu Worten hin. Mögen sie dich durchströmen und möge dein ganzer Körper und deine Seele seine Gebote beachten und Jesu Kraft empfangen, damit du deine persönlichen Ketten abstreifen kannst und wieder heil wirst.

Nachdem deine Gebete erhört worden sind, vergiss nicht, zum Herrn zurückzukehren und ihm zu danken. Es sind aber nicht nur Worte wichtig, es zählen auch deine guten Werke. Versprich ihm, dass du einen oder zwei Monate lang regelmäßig beten, diszipliniert leben, ein Fastenopfer bringen und in deinem Leben etwas zum Guten verändern wirst. Nimm dir ein Beispiel an dem zehnten Aussätzigen, der dem Herrn seine tiefe Dankbarkeit zollt. Nur die Dankbaren, die derart handeln. werden von Gott erhört, und es wird ihnen das zuteil, was sie von ihm erbitten.

Beende schließlich deine Meditation und dein Gebet mit einem Wahlspruch, der dir immer wieder deinen Glauben an Jesus Christus ins Gedächtnis ruft. Wiederhole ihn täglich. Er wird deinen Glauben wiederbeleben und Gott an dein Gebet erinnern. Wähle dein persönliches Credo aus der Fülle von folgenden Vorschlägen: „Ich habe keine Angst, ich glaube" oder: „Mein Glaube hat mich gerettet," oder „Ich glaube dir, Jesus!" oder: „Ich vermag alles durch Christus, der mich stärkt."

Mögen deiner Seele einzelne Gedanken aus dem Neuen Testament Kraft geben: „Jesus, du Sohn Davids, erbarme dich meiner" oder „Jesus, wenn du willst, kannst du mich gesund machen" oder „Herr, zu wem soll ich gehen? Du hast Worte des ewigen Lebens." oder „Ich glaube, Jesus, hilf meinem Unglauben!" oder „Herr, du weißt alles; Du weißt, dass ich dich lieb habe." Der Befehl, den Maria in Kana in Galiläa den Dienern erteilte, „Was er euch sagt, das tut!", soll dich ständig begleiten.

Der Mensch als Einheit

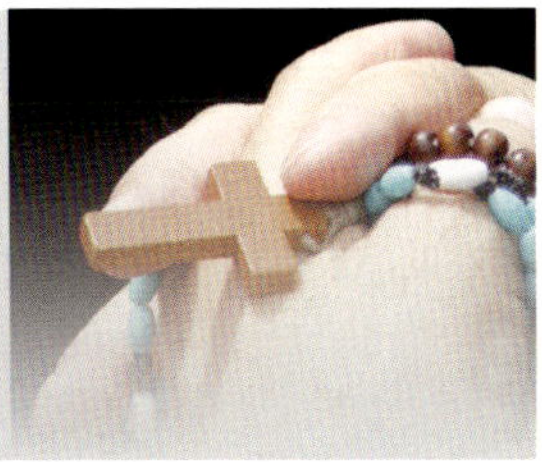

Der Mensch besteht aus dem Körper und dem Geist, aus einer endlichen und einer unendlichen Komponente. Er birgt in sich den Himmel und die Erde, göttliche und menschliche Eigenschaften. Beide Seiten wirken in ihm in einer ungewöhnlichen Symbiose, auf deren Grundlage der Körper nach strengen Kriterien und festen Regeln funktioniert, denn er ist ein materielles, physisches Gebilde. Sein Geist ist allerdings frei. Und dennoch unterliegt er der Entscheidung des Menschen, seiner Ausrichtung, seinem Klarblick. Der Geist ist mit dem Körper des Menschen verschmolzen. Dadurch sind ihm Schranken gesetzt, auch wenn er sonst seinem Wesen nach frei agiert. Er ist an das Hier und Jetzt gebunden, gleichzeitig ist er aber ewig und unendlich. Es ist daher kein Wunder, wenn der Mensch immer wieder mit sich selbst uneins ist. Manche Menschen glauben, dass es am wichtigsten ist, sich auf den Körper zu konzentrieren und ihm all seine Bedürfnisse zu erfüllen, damit er gesund wäre. Andere glauben wiederum, den Körper kasteien zu müssen und dem Geist alle Voraussetzungen zu schaffen, damit er aufleben und Stärke beweisen könnte, mit Gott verbunden wäre und Wohlwollen den Menschen gegenüber entgegenbringen könnte. Die einen sind der Meinung, dass man dem Geist abschwören müsse, damit der Körper frei und gesund wäre, Die anderen sind wieder überzeugt davon, der einzige Weg bestünde darin, dem Körper zu entsagen, damit der Geist frei und der Mensch gesund sein könne.

Der Mensch ist jedoch eine Einheit. Er ist Körper und Geist in einem. Es gibt keinen menschlichen Körper ohne Geist und keinen Geist ohne menschlichen Körper. Der Mensch ist verleiblichter Geist oder vergeistigter Körper. Das ist der Grund, warum der Mensch zeit seines Lebens nach Harmonie strebt. Er muss für seinen Körper Sorge tragen und ihm genügend Erholung, Schlaf, Nahrung, Wärme, Schutz und Heilmittel zur Verfügung stellen. Genauso wichtig ist es, um sein geistiges Leben bemüht zu sein und das Fortleben seines Geistes zu fördern und seine Spiritualität zu pflegen, damit der Körper in bester Gesundheit leben kann. Vernachlässigt der Mensch sein geistiges Leben, kann auch sein Körper nicht intakt sein. Er ist dann zu nichts zu gebrauchen. Es fehlt ihm die Kreativität, Kultiviertheit, Kraft, Tugendhaftigkeit, das Gewissen und die Geborgenheit im Leben. Frönt der Mensch nur noch seiner Körperlichkeit, fühlt er sich bedroht, ähnlich dem Tier. Verschreibt er sich jedoch ganz der Spiritualität, kann er in diesem engelsgleichen Zustand das irdische Leben nicht begreifen. In dem gleichen Maß, in dem wir uns dem Körper widmen, müssen wir uns auch unserer Seele zuwenden. Wenigstens ein Drittel der Zeit, die wir unserem Körper widmen, um ihn zu nähren und zu kleiden, sollten wir für das Lesen der Heiligen Schrift und das Verinnerlichen dieser Texte, zum Meditieren, die Kontemplation und für das verbale und mentale Gebet investieren. Der Körper macht ohne den Geist nicht den ganzen Menschen aus. Der Geist bildet wiederum ohne gesunden Körper keinen intakten Menschen. Religiosität ist dem Menschen eigen. Moral und Ethik machen aus dem Menschen einen Menschen. Sich atheistisches Gedankengut anzueignen, bedeutet, sich vom Menschen abzukehren. Amoralisches Verhalten und diverse Abweichungen von der Moral sind die tödlichsten Waffen gegen den Menschen. Ein perfider Mensch ohne moralische Stärke und geistige Größe hat sich von der Spezies

Mensch entfremdet, sofern er für seinen Körper, die Menschen um sich und die Erde, auf der er lebt, nicht Sorge trägt. Das Christentum lehnt eine Tradition, in welcher der Mensch seine geistige als auch leibliche Entwicklung vernachlässigt, ab. Es verurteilt auch ein Verhalten, das entweder nur den Leib oder nur den Geist perfektionieren will. Das Evangelium fordert die Stimmigkeit dieser beiden Polaritäten. Die göttliche Kraft des menschlichen Geistes trägt den Körper, damit er gesund, erfolgreich, froh, lebensbejahend, heilig und fit für das Leben sein kann. Die Harmonie, der Wunsch, so zu sein wie Jesus Christus, ist der Kerngedanke des Evangeliums. Jesus aß, und er betete. Er schlief, und er wachte. Er gab den Darbenden zu essen, und er weilte bei den Reichen, um sie zu spiritualisieren. Er liebte die Demütigen und Gerechten, aber er suchte auch Kontakt zu den Sündern, um sie Tugenden zu lehren. Er liebte seinen himmlischen Vater, aber auch die Kinder dieser Erde. Durch ihn ist es möglich geworden, dass Himmel und Erde zu einer Einheit verschmelzen

Dir geschehe, wie du geglaubt hast

Die Evangelien könnten mit einem einzigen Satz von Jesus auf den Punkt gebracht werden: „Kehret um und glaubt an die Frohbotschaft." Die Quintessenz der Frohbotschaft besteht darin, dass alle Krankheiten, Ängste, Nöte, Kriege sowie der Tod überwunden werden können, sofern das Evangelium beherzigt wird. Der Mensch kann sich ändern. Er kann glücklich werden und den Sinn in seinem Leben finden. Das ist die Frohbotschaft. Vor der Pforte unserer Existenzen harrt eine Kraft, die im Stande ist, den Menschen und die Welt um ihn herum zu verwandeln. Sie wartet auf das Signal des Menschen, ihn erfassen und diese Wende vollziehen zu können. Der Glaube ermöglicht den Umbruch. Und damit der Glaube an Boden gewinnen kann, ist nach dem Gebot der Frohbotschaft, zuallererst die Abkehr von allem Negativen, das sich im Menschen und auf der Welt ereignet, notwendig. Umkehren heißt, sich ab sofort vom Negativen abzuwenden und den Blick auf das Positive zu richten. Dem Bösen, dem Leid und dem Tod werde ich ab nun keine Aufmerksamkeit mehr schenken, sondern einzig und allein an die Liebe und die Kraft, die alles Leid in Freude verwandelt, glauben.

Was ist also zu tun? Ich muss Jesus sagen, was ich von ihm erbitte, was ich mir von ihm wünsche. Damit ich das tun kann, muss ich es mir in meiner Phantasie und in meinen Gedanken ausmalen. Ich muss das Bild, das mir vorschwebt, verbalisieren. Wenn ich krank bin und gesund werden möchte, dann betrachte ich mich in dem Zustand, in dem ich mich gesund hin- und herbewege, wie ich arbeite, mich freue, wie ich voll Lebenskraft, schmerzfrei und voller Tatendrang bin. Wenn ich für meine Gesundheit bete, aber in meine Krankheit blicke, glaube ich nicht an Heilung. Da bin ich dann auf die Krankheit fixiert und in ihr gefangen. In diesem Zustand kann ich nicht genesen.

Als Jesus einen Blinden bei Jericho fragte: „Was soll ich dir tun?“, erwiderte dieser nicht: „Schau her, Jesus, wie blind ich bin, wie ich nicht gehen kann!“ oder Ähnliches, sondern: „Herr, ich möchte wieder sehen können.“ Der Blinde wähnt sich bereits gesund und kann im Glauben daran rufen: „Jesus, Sohn Davids, hab Erbarmen mit mir!“ Der Aussätzige bittet Jesus: „Herr, wenn du willst, kannst du machen, dass ich rein werde.“ Er sagt nicht etwa: „Herr, schau wie mein Körper mit Geschwüren übersät ist und was für Schmerzen ich habe.“ Er erwartet von Jesus kein Mitleid, sondern wirft sein Elend und seine Schmerzen über Bord und betrachtet sich als rein und gesund. Diese Diktion wählt er dann auch für das Formulieren seiner Bitte. Der Vater, der Jesus im Namen seines Sohnes anfleht, äußert sein Anliegen folgendermaßen: „Herr, komm herab und heile meinen Sohn. Anderen Kranken genügte es, Jesus auch nur anzusehen, und schon spiegelt sich in ihnen die Gesundheit. Auf Betten und Tragbahren brachte man Schwerkranke zu Jesus. Sie sollten nur in seiner Nähe sein. Es war ausschlaggebend für sie, ihn nur zu sehen und schon glaubten sie an ihre Genesung. Sie wandten sich von ihrer Krankheit und den damit verbundenen Schmerzen ab und erfuhren den Beginn ihres Heilungsprozesses. Sie kamen bereits zuvor zum Glauben. Daher konnte Jesus sie auch heilen. Die an Blutungen leidende Frau berührte nur Jesu Gewand. Indem sie ihm ins Antlitz blickte, glaubte sie. Aus den Evangelien geht hervor, dass viele Kranke Jesus nur berührten und sogleich Gesundheit erlangten.

Ich beginne zu glauben, sobald ich mich aus meinen Schmerzen emporrichte, meine Krankheit und meine Qualen abschüttle, sobald ich in meinem Inneren die Heilung, den Frieden und die Erlösung spüre und mich in Gedanken als gesund und von Qualen und dem Elend befreit wähne, mich als erlöst, bekehrt, erneuert, rein und heilig betrachte.

„Was soll ich für dich tun?“ Das ist die allentscheidende Frage jeden Gebets. Jesus fragt nicht: „Was ist los? Hast du Sorgen? Welches Leid zermürbt dich?“, sondern zieht den Menschen aus seinem Leid und seiner Krankheit heraus. Er wendet dessen Blick vom Bösen ab. „Was soll ich für dich tun?“ heißt im Klartext: „Hefte deinen Blick auf deine Intention und ich werde dir

deine Bitte erfüllen.“ Aus diesem Grund sagt er immer wieder verschiedenen Menschen, die er geheilt, von ihren Qualen oder aus ihrer Notlage befreit hat: „Geh in Frieden. Dein Glaube hat dir geholfen.“ Andere mahnt er: „Fürchte dich nicht, glaube nur!“ Dem Vater eines epileptischen Kindes sagt er: „Alle Dinge sind möglich dem, der da glaubt.“ Male ein klares Bild von dir in deiner Phantasie und dein Gebet wird Früchte tragen. Präge dir das Bild dessen, worum du bittest in deine Gedanken, deine Phantasie, deine Intuition und alle deine Fähigkeiten ein, und du wirst erhört werden. Jesus sagt nämlich: „Dir geschehe, wie du geglaubt hast.“

Fixiere dich nicht auf den Status quo, sondern darauf, was du anstrebst. Bemitleide dich nicht wegen deiner Schmerzen und Qualen, sondern entwerfe Visionen von der Persönlichkeit, die du zu werden gedenkst. Klage nicht öffentlich über Schwierigkeiten. Mache nicht Halt bei deinen Wunden, Krankheiten, Verletzungen und Depressionen. Bleibe nicht abgeschottet. Betrachte unablässig das Bild, das du dir von dem Menschen machst, der du werden willst, nachdem du deine Leiden überwunden hast. Deine Seele muss von dem, worum du bittest, felsenfest überzeugt sein. Sie kann deinen Leib heilen, aber du musst ihr die Gesundheit, die du dir wünschst, vor Augen führen. Zuerst muss deine Seele genesen, erst dann kann auch dein Körper seine Krankheit besiegen. Die Seele kann deinen Körper an jenes Ziel befördern, an dem du aufgrund deiner Visionen, die du von dir und von deiner Gesundheit angefertigt hast, anlangen willst. Du musst deiner Seele Nahrung in Form von gesunden und Erfolg versprechenden Gedanken geben. Sie wird dann dein Vorhaben realisieren.

Damit dein Körper gesund werden kann, muss deine Seele genesen. Konkret heißt das, deine Seele muss sich deinen Körper in voller Gesundheit vorstellen. Anschließend muss sie sich öffnen, damit Gottes Gnade durch sie in deinen Körper strömen und ihn heilen kann. Höre also auf Jesu Worte. Vertraue auf ihn. Erschaue die Verheißungen seiner Worte, und dein Gebet wird vor den Thron Gottes dringen und dir das zum Geschenk machen, was du dir von Gott erbittest.

Dieser wunderbare Gott

Gottes Kraft erkennen

Gerechtigkeit währt ewig. Im biblischen Buch der Weisheit steht geschrieben: „Denn es ist vollkommene Gerechtigkeit, dich zu verstehen; und deine Stärke zu kennen, ist die Wurzel der Unsterblichkeit." Das biblische Wort „kennen" oder „erkennen" ist gleichbedeutend mit eins sein, mit jemandem Bande der Liebe knüpfen und mit ihm im Leben verbunden sein. Jemand, der Gott kennt, kann nicht ungerecht sein. Gott wirkt in ihm und er handelt durch die Kraft Gottes. Wenn jedoch ein Mensch Gott nur verstandesmäßig anerkennt, dann trifft dies nicht zu. Der kulturologische und philosophische Begriff der Erkenntnis bezeichnet im Allgemeinen etwas, was objektiv außerhalb des Menschen wahrgenommen wird, was sich von ihm unterscheidet, was von ihm losgelöst ist. Das biblische Wort „erkennen" bedeutet, jemanden in sich hineinnehmen, mit jemanden eins werden. Dies lässt den Schluss zu, dass die biblische „Gotteserkenntnis" die Gottesliebe meint oder zum Ausdruck bringen möchte, dass jemand, der Gott liebt, ihn auch kennt. Das Fazit dieser Überlegungen ist, dass die Liebe der Sinn des Lebens ist, denn Gott ist die Liebe. Zu lieben heißt, eine Verbindung mit Gott einzugehen oder Gott zu erfassen. Deshalb ist jemand, der liebt, gerettet. Der heilige Augustinus sagt mit Recht: „Liebe und tue, was dir beliebt." Wer liebt, wird sicher Wunder vollbringen. Wer liebt, wird sicher gesund werden, den Sinn finden und sich zu einem frohen und erfolgreichen Mensch entfalten. Lass dich darauf ein, und du wirst die Glaubwürdigkeit dieser Worte erspüren.

Lass die Erkenntnis deines Verstandes in dein Herz dringen, damit sie sich in der Praxis bewähren kann. Setze sie in die Tat um und dir wird klar werden, wie selig der Mensch ist, der Gott erkennt. Man muss vorsichtig sein, damit das Wort „erkennen“ nicht falsch interpretiert wird. Es bedeutet in diesem Kontext, sich mit Gott zu vereinen, ihn anzunehmen, seine Kraft zu absorbieren, zu integrieren. Wer also Gottes Kraft kennt, der besitzt sie. Er ist groß wie Gott. Er ist unsterblich wie Gott. Die Wahrnehmung der Kraft Gottes ist die Wurzel, aus der das unsterbliche Leben keimt. Es ist notwendig, diese Kraft aus der Schöpfung der Erde, der Größe des Universums, aus den gewaltigen Energien der Natur, aus der Faszination Mensch als Geschöpf heraus zu sehen. Hier wird nämlich die göttliche Kraft konkret sichtbar. Sie ist im gekreuzigten Jesus begreifbar. Gerade in der menschlichen Schwäche äußert sich eine gigantische Kraft. Während Jesus Christus am Kreuz stirbt, ist er unsterblich. Durch seine Auferstehung haucht er dem Menschen das ewige Leben ein.

Jeglicher Sinn liegt in Gott

Die Grundvoraussetzung für jedes menschliche Leben ist Gott. Aus seiner Hand geht der Mensch hervor und in seine Obhut kehrt er mit dem Tode wieder zurück. Gottes Vorsehung steuert sein Leben und der Geist Gottes ist seine Erleuchtung. So kann er in akuten Situationen schnell reagieren, in jedem Augenblick kluge Entscheidungen treffen und erfolgreich handeln. Gott ist kein Surrogat für menschliche Freundschaften und die menschliche Liebe. Gott ist weder verschwenderische Fülle, noch Luxus. Er ist auch keine kulturelle Höchstleistung. Die Seele weiß, dass Gott wichtiger ist als Luft, Wasser, Nahrung und die Erde, auf der sie wandelt. Wenn all das vergeht, lebt der Mensch weiter, denn er ist in Gottes schützender Hand geborgen.

Gott ist gleichzeitig der Grundpfeiler der menschlichen Moral. Ohne Gott ist ein Moralempfinden unmöglich. Wenn sich der Mensch nicht beobachtet fühlt und beurteilt wird, ist er korrupt, denn er hat das Gefühl, dass ihn ja doch niemand sieht. Er wird dann auch seinen Egoismus ungestört ausleben. Wie aber kann er, auch ohne überwacht zu werden, redlich bleiben, wie kann er eine Verfolgung um der Gerechtigkeit willen durchstehen und anständig und integer sein, wenn ihm kein Bestechungsgeld angeboten wird oder keine Protektion im Spiel ist? Der Mensch kann nichts tun, ohne in seinen Unternehmungen einen Sinn zu sehen. Bleibt er jedoch im Verborgenen rechtschaffen, so sieht er den Sinn seiner Ehrenhaftigkeit darin, dass Gott sein Verhalten belohnt. Er wird auch dann gute Werke vollbringen, wenn es

ihm niemand hoch anrechnet, denn er weiß, dass Gott, der alles sieht, seine Taten würdigt. Viele philosophische und anthropologische Richtungen wie auch wissenschaftliche Arbeiten bestätigen, dass es ohne Gott keine Moral gibt. Daher ist wenigstens ein Minimum an christlichem Glauben notwendig, damit der Mensch in der heutigen Zeit die Ethik und Moral respektieren kann. Ohne Gott zerbricht der Mensch, mit Gott bleibt er eine Einheit. Aus der Geschichte geht hervor, dass von Atheisten und atheistischen Systemen kein Fortschritt in Kultur, Humanität, Wirtschaft und den zwischenmenschlichen Beziehungen zuwege gebracht wurde. Aus dieser Erkenntnis muss eine heilsame Lehre gezogen werden.

Jesus ist über alle großen Meister der Geschichte erhaben

Wir lassen unseren Blick über das weite Feld der Biographien in der Menschheitsgeschichte schweifen. Viele Intellektuelle, Weise und Gerechte zeichnen ihre Silhouette. Es finden sich zahlreiche Politiker, Persönlichkeiten und Genies, die tiefe Spuren auf dieser Welt hinterlassen haben. Große Religionen und deren Anhänger, die sich durch ein von Heiligkeit geprägtes Leben auszeichnen, beeindrucken uns. Unter all den Philosophen, Wissenschaftlern und Künstlern ragt aber nur ein einziger Name heraus, Jesus aus Nazareth, denn all die Genies aus der Geschichte bewegen sich im Rahmen ihrer menschlichen Fähigkeiten. Ihre Weisheit, Kreativität, Kompetenz, Qualifikation und Stärke ist naturgegeben. All diese Koryphäen tragen den Stempel der Vergänglichkeit. Sie waren nicht im Stande, durch ein besiegelndes Wort aus ihrem Mund die Geschichte oder das menschliche Dasein aus den Grundfesten zu heben. Ihr Wirken konnte die Krankheiten des Menschen nicht ausmerzen. Sie haben es nicht fertig gebracht, das Geheimnis des Todes zu lüften. Sie wussten nicht, was außerhalb unserer Dimension, über dem Himmel und unter der Erde verborgen liegt. Sie haben das Mysterium Mensch nicht enträtselt und dessen Ziel nicht erhellt. Sie konnten weder die Gesetze der Natur, noch den Menschen verändern.

Jesus von Nazareth hebt sich von allen Genies der Welt ab. Seine Kraft ist die Kraft Gottes. Er hat die Macht über den Tod und deshalb erweckt er

sowohl den Jüngling von Nain als auch Lazarus von den Toten. Er hat die Macht über alle Krankheiten und Schwächen und vergibt uns unsere Sünden. Er vollbringt Dinge, die nur Gott vollbringen kann. Er treibt böse Geister aus und spricht so wie in der Geschichte der Menschheit niemand vor und niemand nach ihm gesprochen hat. Die unreinen Geister, die Krankheiten und sogar der Tod gehorchen seinem Befehl. Der Feigenbaum muss seiner Anordnung Folge leisten. Er gebietet den Meereswellen und dem Wind, zu verebben. Er allein kann Aussätzige, Lahme, Epileptiker und psychisch unheilbar Kranke wieder gesund machen. Er hat eine Macht, die nie jemand vor ihm in der Geschichte besaß. Dennoch hat er zugelassen, getötet zu werden. Aber er ist auferstanden und in den Himmel aufgefahren. Das sind keine Mythen. Er ist keine den griechischen und hinduistischen Sagen ähnelnde Phantasiegestalt, sondern eine historische Persönlichkeit. Es legten nicht nur seine Zeitgenossen Zeugnis über ihn ab, auch die Menschen der Gegenwart, die in seinem Namen wundertätige Werke tun, bringen seine Größe zum Ausdruck. Seine Worte rufen auch heute Begeisterung hervor. Sie bewegen und bekehren Menschen, sie befreien Süchtige von Drogen und Alkohol und entreißen Todgeweihte dem moralischen Abgrund. Mit seiner Kraft werden Kriege überwunden und Unruhen im Keim erstickt. Um seinetwillen verzichten Menschen auf alles und folgen ihm nach.

Wie kann man seine Philosophie begreifen, ihm nacheifern, zu ihm beten, ihn um Hilfe anflehen und mit ihm in Dialog treten? Ich muss Vertrauen in ihn haben, muss für seine Zeichen empfänglich werden. Ich muss mir im Klaren sein, dass er nicht einer unter vielen Genies auf dieser Welt ist, sondern erhaben über alle großen Meister der Geschichte. Ich muss ihm glauben und

vertrauen. Er vollbringt, was niemand sonst vollbringen kann. Er allein war im Himmel. Noch nie war jemand von uns dort. Er allein kennt das Reich der Finsternis und den Tod. Er allein kennt die Auferstehung und das ewige Leben. Er allein kennt unser Ziel und den Sinn unseres Daseins auf dieser Erde. Wer an ihn glaubt, wird nach seinem Wort leben.

Berühre ihn mit dem Herzen

Der Mensch kann sich in hohem Maße selbst übertreffen. Er kann anders werden, größer, stärker und mächtiger als er es jetzt ist. Er ist nach Gottes Abbild geschaffen. „Gott schuf also den Menschen als sein Abbild; als Abbild Gottes schuf er ihn. Als Mann und Frau schuf er sie“, heißt es im ersten Kapitel der Bibel. „Dann sprach Gott: Lasst uns Menschen machen als unser Abbild, uns ähnlich. Sie sollen herrschen über die Fische des Meeres, über die Vögel des Himmels, über das Vieh, über die ganze Erde und über alle Kriechtiere auf dem Land!“ Gott hat Mann und Frau als sein Ebenbild erschaffen, damit sie über die gesamte Natur herrschen, sich vermehren, die Erde bevölkern und sich alles untertan machen. Als der Mensch sich in Urzeiten von Gott abkehrte, verunglimpfte, ja zerstörte, er beinahe dieses Ebenbild Gottes. Er beraubte sich selbst der ihm angestammten Rolle, über alles herrschen zu dürfen und trotzte dem Willen Gottes. In diesem Dilemma sandte Gott ihm seinen Sohn und übertrug ihm aus Barmherzigkeit seine göttliche Natur. „Wie mich der Vater geliebt hat, so habe auch ich euch geliebt. Bleibt in meiner Liebe,“ sagt Jesus. „Glaubt mir doch, dass ich im Vater bin und dass der Vater in mir ist,“ fleht Jesus den Menschen an. Der Mensch ist erhöht worden. Er ist aus den Untiefen seiner Schuld gerettet und auf einen erhabenen Platz im Universum, in seiner Geschichte und über alles Seiende, neben Gott selbst, gestellt worden. Deshalb ist der Mensch imstande, Werke zu vollbringen, die Gott vollbringt. „Wer an mich glaubt, wird die Werke, die ich vollbringe,

auch vollbringen, und er wird noch größere vollbringen,“ sagt Jesus. „Wenn ihr mich um etwas in meinem Namen bittet, werde ich es tun.“

Stell dich vor deinen Schöpfer hin. Nimm sein Angebot bereitwillig an und ersehne sein Antlitz. Deine Seele soll nach ihm lechzen und das Licht des Himmels leuchten über dir. Verinnerliche Jesu Worte: „Ich stehe vor der Tür und klopfe an.“ Er möchte bei dir eintreten. Die Worte, die du verstandesmäßig erfasst, müssen jedoch in dein Herz fallen. Es war leichter für Jesus, vom Himmel auf die Erde herabzusteigen, als vom Verstand des Menschen in dessen Herz zu gelangen, sagte ein Mystiker. Die Menschen täuschen sich, wenn sie meinen, dass es ausreicht, Gott mit dem Verstand zu bejahen und seine Worte und seine Größe zu analysieren. Auf diese Weise werden sie von Gottes Kraft noch nicht erfüllt. Diese wartet möglicherweise vor der Tür ihrer Analysen und Schlussfolgerungen. Du musst Jesus mit deinem Herzen, deinen Gefühlen und Sehnsüchten, mit deinem gesamten Inneren berühren. Wenn du ihm deine Freundschaft anbietest, die aus der Tiefe deines Herzens kommt und dich ihm vertrauensvoll hingibst, wirst du mit ihm in Berührung kommen. Du musst Jesus in die Augen sehen, seine Hand ergreifen und ihn zu dir führen. Lade ihn ein, in deiner inneren Wohnung einzuziehen. Sage ihm, dass er dein ganzes Wesen in seinen Händen halten soll. Er soll dein Freund und Gast sein und schließlich der Verwalter all deiner persönlichen Habe. Er wartet geduldig vor deiner Tür alle Tage deines Lebens und harrt deiner Einladung. Er hält kostbare Schätze für dich bereit, die er großmütig in dein Herz legen möchte. Er brennt darauf, dich von all deiner Schuld, deinen Abhängigkeiten, Ängsten und Krankheiten zu befreien. Er hat nur Gutes anzubieten. Lass dich nicht von negativen und bösen Gedanken verleiten. Von Gott kommt nur Gutes. Er gibt jenen, die ihm vertrauen, Frieden und ein Leben in Fülle.

Halte inne mit offenem Herzen. Begib dich an die Schwelle deines Herzens und bitte Jesus herein zu dir. Richte alle Bereiche deiner Seele her. Sie sollen sauber und ordentlich sein und glänzen. Stelle Blumen der Liebe und Güte auf. Prüfe deine Gefühle, Gedanken und Worte. Gebiete deinen Zielvorstellungen und Taten von nun an gerecht und ehrlich, heilig zu sein. Dein Mund soll nur gute, positive, Vertrauen erweckende und gerechte Worte hervorbringen. Bekehre dein Herz und gib Jesus Platz in diesen deinen innersten Räumen. Verneige dich vor ihm, denn er ist dein Gott. Er ist allmächtig und ewig. Er hat dich erschaffen. Er wollte, dass du lebst. Er ist größer als alle deine Gedanken, Wünsche und Sehnsüchte. Seine allmächtigen Gedanken überflügeln deine menschlichen. Seine Wege sind über den deinen erhaben. Die gesamte Schöpfung ist von ihm erschaffen worden. Sie existiert zu seinen Ehren. Er wünscht, dass du Anteil hast an seiner Liebe und Allmacht.

Der Mensch gewordene Jesus trägt die göttliche Fülle in sich und möchte sie in dein Herz eingießen. Ersehne die Kraft des Heiligen Geistes, damit du jede Krankheit und jedes Unvermögen beseitigen und allen verzeihen kannst, die dich beleidigt haben, damit du die gottlos und inhuman Dahinvegetierenden zu neuem Leben erwecken kannst, damit du gerecht und heilig wirst. Dein Wort soll Kraft versprühen. Möge dich Jesus mit seiner Kraft und Herrlichkeit beschenken. Habe keine Angst, Jesus wird dein Leben lenken und dein gesamtes Wirken im Auge behalten.

Öffne Gott dein Herz

Öffne nun weit dein Herz. Jesus wünscht, dich durch geistige Bande mit Gott Vater zu verknüpfen. „Ich und der Vater sind eins," sagt Jesus. „Meine Aufgabe ist es, den Willen des Vaters zu erfüllen. Die Worte, die ich spreche, sind nicht von mir, sondern vom Vater, der mich gesandt hat. Fürchte dich nicht, du kleine Herde, der Vater wollte dir das Königreich anvertrauen. Ja, Vater, du erhörst mich immer." All diese Worte hallen nach und bekunden Jesu Einssein mit dem Vater. Lasse zu, dass Jesus dich zum Vater geleitet, damit auch du die Vorzüge dieser Verschmelzung auskosten kannst. Trete vor deinen Vater am Morgen und am Abend und bete zu ihm. Sprich: „Vater unser, der du bist im Himmel, geheiligt werde dein Name, dein Reich komme, dein Wille geschehe, wie im Himmel, so auch auf Erden. Unser tägliches Brot gib uns heute und vergib uns unsere Schuld, wie auch wir vergeben unseren Schuldigern und führe uns nicht in Versuchung, sondern erlöse uns von dem Bösen." Deine ganze Freude soll Gott Vater sein. Kehre um. Wähne von nun an dein Leben in den Händen deines himmlischen Vaters. Er ist dein wahrer Vater. „Einer ist euer Vater, der im Himmel ist," sagt Jesus. Beginne mit den Koordinaten deines himmlischen Vaters zu denken, zu reden, zu wirken und zu fühlen. Du bist in Jesus und Jesus ist in dir. Der Vater liebt also dich genauso wie er seinen Sohn liebt. Bleibe in dieser Liebe. Verschließe sie tief in deinem Herzen und verinnerliche diese Wahrheit. Dein ganzes Leben ist bei Gott wohl behütet. Gott ist das Ziel deines Wirkens. Deine ganze Kraft kommt von Gott. Deine ganze Liebe, dein Sehnen und Denken sind beim himmlischen

ASTRA
Galerija Mala
Galerija Mala

Der Alltag

Ein Buch für die Seele

Am Morgen erkennt man den Tag. Manche Menschen starten den Tag voller Sorgen. In der Nacht wurden sie von Albträumen heimgesucht und können reale Vorgänge nicht von Traumwelten unterscheiden. Andere sind wieder depressiv, weil Schlechtwetter angesagt ist oder weil sie rheumatische Beschwerden haben. Viele finden immer einen Grund zu jammern. Manche steigen gar nicht aus dem Bett, weil sie nicht den Mut aufbringen, den Tag zu beginnen, die anstehenden Aufgaben in Angriff zu nehmen und sich der täglichen Verantwortung zu stellen. All diese Menschen sind unzufrieden, unsicher und unausgeglichen. Sie spüren eine Leere, die sie unglücklich stimmt.

Ebenso wie man am Morgen seinen Kaffee oder Tee trinkt, das Frühstück isst und seinen Körper labt, ist es wichtig, ein motivierendes und inspirierendes Buch zur Hand zu nehmen, das den Geist belebt, ihn von Trugbildern befreit und die Stimmung aufhellt. Es kann auch ein Sprichwort, ein Aphorismus, ein Ausspruch eines berühmten Menschen, ein Gedicht oder eine Meditation den Menschen aufrichten. Jedenfalls soll es eine Kraftquelle für die neuen Herausforderungen des Tages sein. Nähre dich mit erquickenden Gedanken, die deiner jeweiligen Situation entsprechen. Suche dir ein für dich adäquates Buch und blättere darin. Lies jene Stellen, die exakt deine jeweilige Situation betreffen. Genieße jedes einzelne Wort ebenso wie du dir jeden Schluck und jeden Bissen deines Frühstücks auf der Zunge zergehen lässt. Es soll in deinem Herzen Wurzeln schlagen. Erkundige dich bei Menschen, die du bewunderst,

nach ihrem Erfolgsrezept. Sie werden dir sicher von einem Buch erzählen, das sie durchs Leben begleitet und ihnen Mut und Kraft verleiht. Viele berühmte Persönlichkeiten, kluge Köpfe, Philosophen und Schriftsteller begannen den Morgen mit Lebensweisheiten, die ihnen die Bahn ebneten und ihnen zum Ziel verhalfen.

Es möge auf deinem Nachtkästchen, deinem Schreibtisch oder in deiner Arbeitstasche immer ein Buch für deine Seele bereit liegen. Es soll deinen Tag erhellen. An ihm sollst du dich mehr erquicken als an einem frischen Getränk. Es soll dich mehr beflügeln als ein Gespräch oder das Lesen von belanglosen Illustrierten. Deine Seele braucht vitalisierende Gedanken, die dir Lebenskraft spenden. Sie will ebenso wie dein Körper mit Speis und Trank versorgt werden, aber in Form von Worten und Gedanken, von Weisheiten, die dich dem Allmächtigen näher bringen, sodass du auf festem Boden zu stehen kommst und all deine Unternehmungen des Tages erfolgreich meisterst.

Nicht die anderen, sondern sich selbst ändern

Für unsere Generation sind zwei widersprüchliche Phänomene typisch: einerseits die unendliche Sehnsucht nach bedingungsloser Liebe und andererseits die unfassbare Unfähigkeit, geliebten Menschen die Treue zu halten. Dies ist ein Zeichen dafür, dass es dem Menschen an Spiritualität mangelt. Lange herrschte die Meinung vor, dass Psychiater und Psychologen, die Religion, den Glauben und die Moral ersetzen können. Jetzt hat man eingesehen, dass diese beiden Disziplinen dem Menschen nur auf psychologischer Ebene helfen können. Seine spirituelle Dimension und moralische Instanz bleiben davon unberührt. Wenn der Mensch innerlich leer, ausgebrannt und hilflos ist, kann er den Kampf um seine Ehre, Würde, Treue, den Erhalt seiner Ehegemeinschaft und die Sinnfindung nicht alleine austragen. Ehen, Freundschaften und andere zwischenmenschliche Beziehungen gehen besonders in der Lebensmitte zu Bruch. Von Problemen zu Boden gedrückt, denken viele Menschen, die einzige Lösung bestünde darin, die Flucht nach vorne anzutreten oder zum Workaholic zu werden. Dadurch würden Schwierigkeiten und Konflikte beigelegt werden. Natürlich ist das ein Trugschluss. Probleme werden durch ein derartiges Verhalten nicht gelöst, sondern nur noch verstärkt. Durch Verdrängungsmechanismen kommt es im Unterbewussten zu noch heftigeren Reaktionen.

Weder moralisch-ethische, noch persönliche Probleme können gelöst werden, indem sie unter den Teppich gekehrt werden. Freundschaftliche

Beziehungen und Ehegemeinschaften können nicht gekittet werden, wenn sie aufgekündigt werden. Der Clou der Sache liegt nicht darin, Freunde oder Ehepartner zu ändern, sondern, sich selbst zu ändern. Eine Wende kann man nur selbst herbeiführen, und zwar dadurch, dass man sich selbst ändert. Anstatt mich aus dem Staub zu machen, muss ich zu mir selbst finden, in die Tiefe meines Selbst tauchen. So werde ich mich dann auf jene zubewegen, von denen ich mich trennen wollte. Da ich die anderen nicht ändern kann, muss ich die Änderung bei mir selbst vornehmen. Darin besteht das Geheimnis. Mein Leben bekommt Sinn, meine freundschaftlichen Beziehungen werden fester und meine Ehe harmonischer, wenn ich zur Überzeugung gelange, dass meine Lebensaufgabe darin besteht, mich zu ändern.

Ich werde dieser Herausforderung gewachsen sein, wenn ich mit dem Lesen der Heiligen Schrift beginne, wenn ich darum bete, dass Gott seinen Geist in jenen Bereichen meines Wesens walten lässt, die schwach und voller Laster sind, die zu sehr auf den Körper und zu wenig auf das Geistliche ausgerichtet sind. Dann werde ich weise Entschlüsse fassen, korrekt handeln und alles mit Geduld und Liebe bewältigen können. Probleme, Konflikte und Krisen sind nur ein Impuls in der Lebensmitte, sich, nachdem die finanzielle Situation geregelt ist, als Ehepartner und als Mensch überhaupt, den inneren, geistigen Fragen des Lebens zuzuwenden. Dadurch wird ein innerer Reifeprozess eingeleitet. Der Mensch kann seinem Charakter einen neuen Schliff geben und den Sinn in seinem Leben, ja sogar in seinem Tod finden. Konzentriert sich der Mensch nicht freiwillig auf die Vertiefung seiner Persönlichkeit, werden ihn später das Leid und die Krise dazu zwingen. Das sind alles nur Signale dafür, dass sich das Leben nicht dem Ende zuneigt, sondern einen neuen Anfang fordert.

Mühe lohnt sich immer

Die Lebensdauer eines Menschen richtet sich nicht nach seiner Leistung. Der eine arbeitet von morgens bis abends in der Hoffnung, manuell oder mental etwas zu leisten, zu verwirklichen und der Welt kulturelle, wissenschaftliche und geistige Güter zu hinterlassen. Ein anderer gibt sich wiederum überhaupt keine Mühe, denn er hat von seinen Eltern oder Großeltern ein großes Vermögen geerbt. Viele sind begabt und verbuchen auch mit wenig Einsatz Erfolge. Sie meinen daher, sich auch mit geringem Aufwand durchs Leben schlagen zu können. Derartige Anschauungen können zur Überzeugung führen, dass sich große Anstrengungen im Leben nicht lohnen, denn es würden letzten Endes nur Gauner, Betrüger und charakterlose Menschen Karriere machen. Die Reichen sind immer im Zentrum der Öffentlichkeit und der Medienberichterstattung. Alles dreht sich um sie. Sie sind in aller Munde. Sie haben einen festen Background, eine Fangemeinde, Sympathisanten, Sponsoren und Förderer in Politik und Öffentlichkeit. Viele begabte und tüchtige Menschen quälen sich indes von Früh bis Spät ab. Über sie verliert der Reporter gewöhnlich kein Wort. Ergo dessen erfährt der Medien konsumierende Durchschnittsbürger auch nichts über sie. Der Bauer rackert sich ab und niemand schert sich darum. Er wird auch nicht gefragt, wie es ihm denn geht. Jemand hat ein wertvolles Buch verfasst, ein Kunstwerk geschaffen oder eine wissenschaftliche Theorie entwickelt. Aber nur eine kleine Gruppe von Menschen hat etwas dafür übrig, versteht und schätzt diese Arbeit. Vielleicht werden diese Kunstschaffenden, Urheber und Autoren zeit ihres

Lebens gar nicht groß herauskommen. Solche Menschen könnten sich scheinbar mit Recht die Frage stellen, ob es wohl Sinn hat, Werke zu vollbringen. Wenn niemand mein bedeutendes Buch liest, mein edles Kunstwerk bewundert und meine revolutionäre, hochwissenschaftliche Theorie nachvollziehen kann, wozu dann der ganze Aufwand? Aber in einem derartigen Kalkül steckt ein bedauerlicher Irrtum. Die Gesellschaft, die Völker dieser Erde und die Menschen leben nicht von oberflächlichen Reportagen aus Tageszeitungen und anderen Medien. Dies alles wird bald schon vergessen sein.

Ein unbeachteter Künstler, Arbeiter oder Bauer, der sich sein Leben lang abmühte, ein begnadeter Geist und ausdauernder Arbeiter jedoch, hat in die Grundfeste seines Volkes und seiner Persönlichkeit etwas eingebracht, was die Sonne erstrahlen lässt. Dies bewegt vorerst zwar niemanden zu Lobgesängen, aber die Sonne scheint dennoch, sie erweckt die ganze Natur und ermuntert sie, ihre unvergleichliche Pracht zu entfalten. Ein wertvolles, lehrreiches Buch besitzt Strahlkraft, auch wenn sich zunächst nur eine geringe Anzahl von Menschen dafür begeistert. Später wird es jedoch der ganze Stolz des Landes sein. Der Geist weht nicht dort, wo große Töne gespuckt werden, sondern wo man ihn am wenigsten vermutet. Große Persönlichkeiten sind in Wüsten gezogen, wo sie isoliert von der übrigen Gesellschaft ihr Leben fristeten. Dennoch waren sie imstande, Epochales für die christliche Kultur und die Welt per se zu leisten. Charles de Foucault hat seinen Offiziersposten in der französischen Armee aufgegeben und zog in die Wüste. Dort musste er sein Leben lassen. Er wurde von einem Angehörigen des Wüstenvolkes der Tuareg getötet. Erst 40 Jahre nach seinem Tod begannen sich Männer- und Frauenorden herauszubilden, die sich heute nach seinem Beispiel orientieren. Ganz Frankreich ist stolz auf diesen Mann. Es gibt keine großen Taten, die

im Verborgenen bleiben. Herausragendes und Profundes braucht seine Zeit, bis es an Anerkennung gewinnt. Unbedeutendes wird zwar anfangs mit frenetischem Beifall begrüßt, bald jedoch verworfen und fällt der Vergessenheit anheim. Aus tiefen Wurzeln wachsen nur langsam Früchte. Diese währen jedoch ewig. Der kroatische Schriftsteller August Šenoa sagt sinngemäß: „Schaffe für die Welt, erwarte nicht Applaus, denn das menschliche Lob sind doch nur Tropfen auf dem heißen Sand.“

Die Wahrheit aus der Zeitung

Nach der Rückkehr von einem frühmorgendlichen Spaziergang fand ich einen meiner Freunde Zeitung lesend vor. Ich störte ihn nicht beim Überfliegen der Schlagzeilen, beim Blättern und beim Einholen von Informationen, die er dann weiter reichen würde, oder bei der Suche nach Zeilen, die ihm dann Auftrieb geben könnten. Nach einiger Zeit wandte sich mein Freund mir mit einem tiefen Seufzer zu: „Ach, diese Zeitungen! Sie vergällen einem nur das Leben! Man weiß nicht, was wahr ist und was gelogen." Journalisten schreiben das, was sie zu wissen glauben. Manche versuchen wahrheitsgetreue Artikel zu verfassen, andere berichten wiederum von ihrem subjektiven Standpunkt aus und haben nur den Profit vor Augen. Es gibt auch solche Kommentatoren, die nur darauf versessen sind, ihren Namen in der Zeitung abgedruckt zu sehen. Viele schreiben, weil sie das Schreiben zu ihrem Beruf erkoren haben. Es gibt auch Journalisten, die Printmedien für ihre privaten Fehden missbrauchen, um den finanziellen Ruin von unliebsamen Personen heraufzubeschwören. Es scheint, als ob sich Zeitungen nicht von der Maxime leiten lassen, ihre Leserschaft zu informieren und zu motivieren, sondern einzig davon, Geld zu scheffeln und die Sensationslust zu schüren, damit ein möglichst großer Leserkreis angelockt werden kann. Manche Menschen lesen eine bestimmte Zeitung, weil sie sich dadurch in ihrer politischen Ausrichtung bestätigt fühlen. Andere einfach nur informiert sein. Beide Lesergruppen haben jedoch die List und die Schliche der Medien nicht durchschaut. Sie bezahlen dafür, dass ihnen Zeitungen die Laune und

den Charakter verderben und ihnen noch dazu Energie und Zeit stehlen. Trotzdem ist es wichtig Zeitung zu lesen, und zwar eine solche, von der man annehmen kann, dass sie um eine objektive Berichterstattung bemüht ist. Es passiert in der Welt sehr viel Unerfreuliches. Dies findet in der Zeitung seinen Niederschlag. Es haben zu viele politische Parteien das Sagen, welche die Menschheit spalten. Weil es unzählige Krankheiten und Naturkatastrophen auf der Welt gibt, sind auch die meisten Reportagen düster. Das Zeitungslesen muss man beherrschen, um nicht in eine schwermütige Stimmung zu verfallen.

Rufe dir erneut ins Gedächtnis, dass deine Zukunft nicht von Menschen oder Ereignissen abhängt, sondern dein Leben in Gott verwurzelt ist. Habe Vertrauen, dass er dich inspiriert und über alle Vorgänge im Bilde ist, dass er dich und alle deine Vorhaben kennt. Du darfst überzeugt davon sein, dass er allmächtig ist, jede Not verhindern kann und grenzenlos gut ist.

Gott lenkt alle Geschicke dieser Welt. Darüber hinaus braucht er eine Mittelsperson, durch die er anderen Menschen zu Hilfe eilen, in ihre Herzen gelangen und in ihre Gedanken und Handlungen inspirativ eingreifen kann. Entsinne dich beim Zeitungslesen, dass Gott dein Leben und das deines Volkes in seinen Händen hält. Segne dabei alle Journalisten und zentralen Gestalten der geschilderten Ereignisse. Sei interessiert am Tagesgeschehen. Damit gewährst du Gott den Zugang zu diesen Begebenheiten und den Menschen, die darin verwickelt sind. Damit du dich danach wieder völlig entspannen kannst, danke Gott dafür, dass es ihn gibt, dass er sich dem Menschen offenbarte, die Welt erschaffen hat, dass er über das Unwetter, das Erdbeben, über alle Unfälle, deine Kinder, dein Volk, über dich und deine Seele waltet. Er kennt alle Korrespondenten und Reporter und alle in den Zeitungen kolportierten Ereignisse. Danke Gott für alle auch noch so unbedeutenden Dinge, bis nicht

wieder Gelassenheit bei dir einkehrt. Das ist dann ein Signal dafür, dass Gott durch dich auf alle in den Medien in Umlauf gebrachten Ereignisse einwirkt und deine Seele mit Harmonie erfüllt. Du hast damit sowohl eine negative Auswirkung der Reportagen auf dich verhindert, als auch Räume geschaffen, in denen andere mit Optimismus und Zuversicht ihre Pflicht erfüllen und sich ihrer Lebensaufgabe widmen können.

Böses ist nicht lukrativ

Während ich in der Zeitung las, wie die Einwohnerzahl Kroatiens täglich schrumpft, kam mir ein Text des Propheten Jesaja in den Sinn, der die Stimme des Herrn vernahm: „Geh und sag diesem Volk: / Hören sollt ihr, hören, aber nicht verstehen. / Sehen sollt ihr, sehen, aber nicht erkennen. Verhärte das Herz dieses Volkes, / verstopf ihm die Ohren, / verkleb ihm die Augen, damit es mit seinen Augen nicht sieht / und mit seinen Ohren nicht hört, damit sein Herz nicht zur Einsicht kommt / und sich nicht bekehrt und nicht geheilt wird." Da fragte Jesaja: „Wie lange, Herr?" Und er antwortete: „Bis die Städte verödet sind und unbewohnt, / die Häuser menschenleer, / bis das Ackerland zur Wüste geworden ist. Der Herr wird die Menschen weit weg treiben; / dann ist das Land leer und verlassen. Bleibt darin noch ein Zehntel übrig – / auch sie werden schließlich vernichtet, wie bei einer Eiche oder Terebinthe, / von der nur der Stumpf bleibt, wenn man sie fällt. / Ihr Stumpf ist heiliger Same." Ich fragte mich, wie lange sich die Einwohnerzahl meines Heimatlandes wohl noch weiter verringern wird. Auf verschiedene Arten versuchen maßgebliche Stellen und im Besonderen die Kirche, diesem Trend entgegenzusteuern. Es wird alles Menschenmögliche zur Steigerung der Geburtenrate unternommen, doch sie sinkt dennoch kontinuierlich. „Wie lange noch?" fragte ich mich, genauso wie Jesaja sich vor langer Zeit um sein Volk Israel sorgte. Bis die kroatischen Städte verödet sind und unbewohnt, die Häuser menschenleer, bis das Ackerland Wüste geworden ist und der Herr

die Menschen weit weg treibt, wird der Trend anhalten. Die Kroaten ziehen fort, ihre Häuser bleiben leer, sowohl in den Dörfern als auch in den Städten. Das Land ist verödet und verlassen. Nicht einmal ein Zehntel wird übrig bleiben. In Jesajas Text hat der letzte Satz meine Hoffnung geweckt: „Ihr Stumpf ist heiliger Same." Mein Volk wird nicht vernichtet werden, es bleibt ein *reliquiae reliquiarum* und aus diesem Stumpf wird ein neues Volk hervorgehen, das nicht flucht, sondern Gott verehrt, das keine Korruption mehr kennt, dem Mammon abschwört, nicht aufgeblasen ist, sondern bescheiden, gerecht und strebsam. Es lohnt sich nicht, Böses zu tun. Das Böse birgt den Stachel des Verderbens in sich. Man muss dem Volk die Augen und Ohren öffnen und es für das Gute sensibilisieren, damit es aufhört zu hassen und zu fluchen. Die emotionalen und intellektuellen Kapitalverbrechen durch die Presse werden allmählich ein Ende nehmen, einer wird den anderen achten, der Lehrer den Schüler, der Student den Professor, und das Volk und die Obrigkeit werden eins sein.

Voll Zuversicht stellen wir uns dieser großen Aufgabe.

Wie soll ich sein?

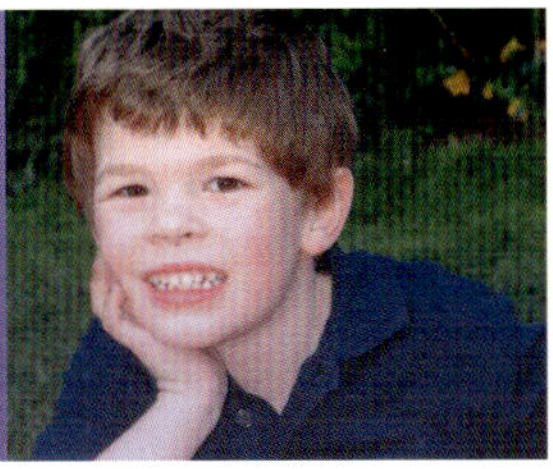

Der Mensch ist ein Projekt, das ständig im Werden begriffen ist. Aus diesem Grund kann er punktuell nicht beurteilt werden. Maßgeblich ist das Zukunftsbild, das der Mensch von sich anfertigt. Er ist ein Geschöpf, das sich aus seinen Taten, seinem Fortschritt, seinen Zukunftsperspektiven und Zielvorstellungen zusammensetzt. Mit anderen Worten, er entwickelt sich durch sein kontinuierliches Streben zu jener Persönlichkeit, die er schließlich ist. Der Mensch ist nur so menschlich, grandios und glaubwürdig, wie er dies in seinen Visionen zu erlangen sucht. Er orientiert sich einerseits nach seinen Idealvorstellungen, andererseits ringen jedoch zwei Seelen miteinander in seiner Brust: Eine möchte den Status quo bewahren und eine Weiterentwicklung hemmen. Die andere setzt sich für den Fortschritt ein, damit sich der Mensch zu dem Wesen mausert, wozu er die Anlage besitzt. Er ist ins Leben gerufen worden, um zu reifen, zu wachsen und ein Virtuose seines Glücks zu werden. Die eine Sirene in seiner Brust, verführt ihn dazu, sich seinem Körper zu widmen, um letztlich erschöpft, müde und depressiv sein Auslangen zu finden. Gelegentlich wird er dadurch in die Selbstzufriedenheit, das Selbstmitleid oder in die Oberflächlichkeit getrieben. Der Körper des Menschen ist nämlich von Natur aus passiv. Die andere in seinem Innersten wohnende Sirene spornt ihn ständig zu neuen Taten an. Sie stimuliert seine Weiterentwicklung und leitet ihn dazu an, in Bewegung zu bleiben. Jeder Augenblick soll ausgeschöpft und jede Chance genutzt werden. Sie möchte, dass der Mensch aus sich heraus geht, mehr vollbringt, an Stärke gewinnt

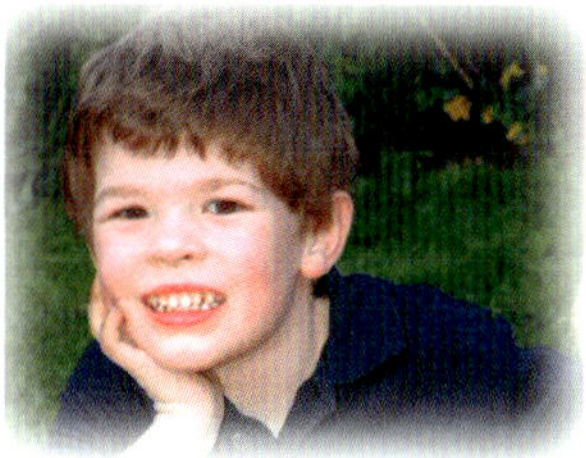

und von Glück und Helligkeit durchdrungen wird. Du stehst zwischen diesen beiden in deiner Brust wohnenden Extremen. Es ist entscheidend, welchem von ihnen du dich zuwendest. Du kannst dich der Schwäche, der Krankheit, der Krise und dem Misserfolg verschreiben und dann in deinen Forderungen nach Essen und Trinken unmäßig werden und der Sucht verfallen. Du wirst dann rapide Rückschritte machen und schließlich ins Verderben schlittern. Die Sinnlosigkeit wird dich übermannen und du wirst sogar an Selbstmord denken.

Lässt du dich jedoch von deinem inneren Unternehmungsgeist leiten, wirst du an Größe nicht zu überbieten sein. Du wirst wie eine seltene Blume erblühen und zu Gigantischem fähig sein. Du wirst viel wissen und um dich herum wird die Welt besser werden. Du wirst in deinem Leben viel erreichen und viel besitzen. Der eine Bereich in dir ist von Angst durchdrungen, der andere von Elan, Dynamik und Optimismus. Entscheide dich für den Glauben an das Gute. Deine positiven Visionen sollen in Erfüllung gehen.

Wie kann das wahr werden? Fixiere dich auf das positive Bild, das du von dir hast. Fertige mit Präzision einen Entwurf in deiner Seele und Phantasie an und dein ganzes Wesen wird sich dorthin begeben. Einmal sagte ein Trainer einem Volleyballspieler, der traurig war, weil er nicht hoch springen und den Ball nicht wegstoßen konnte: „Wirf zuvor dein Herz ausreichend hoch übers Netz, dann wird ihm auch dein Körper folgen." Jesus sprach: „Wo dein Schatz ist, da ist auch dein Herz!" Dorthin, wo dein Herz ist, wird es auch deinen Körper ziehen. Auf diese Art und Weise kann Übermenschliches erreicht werden. Groß sind nicht jene Menschen, welche die besseren Voraussetzungen dazu haben, sondern jene, die durch ihren festen Glauben das erreichten, was sie in ihrem Herzen anstrebten.

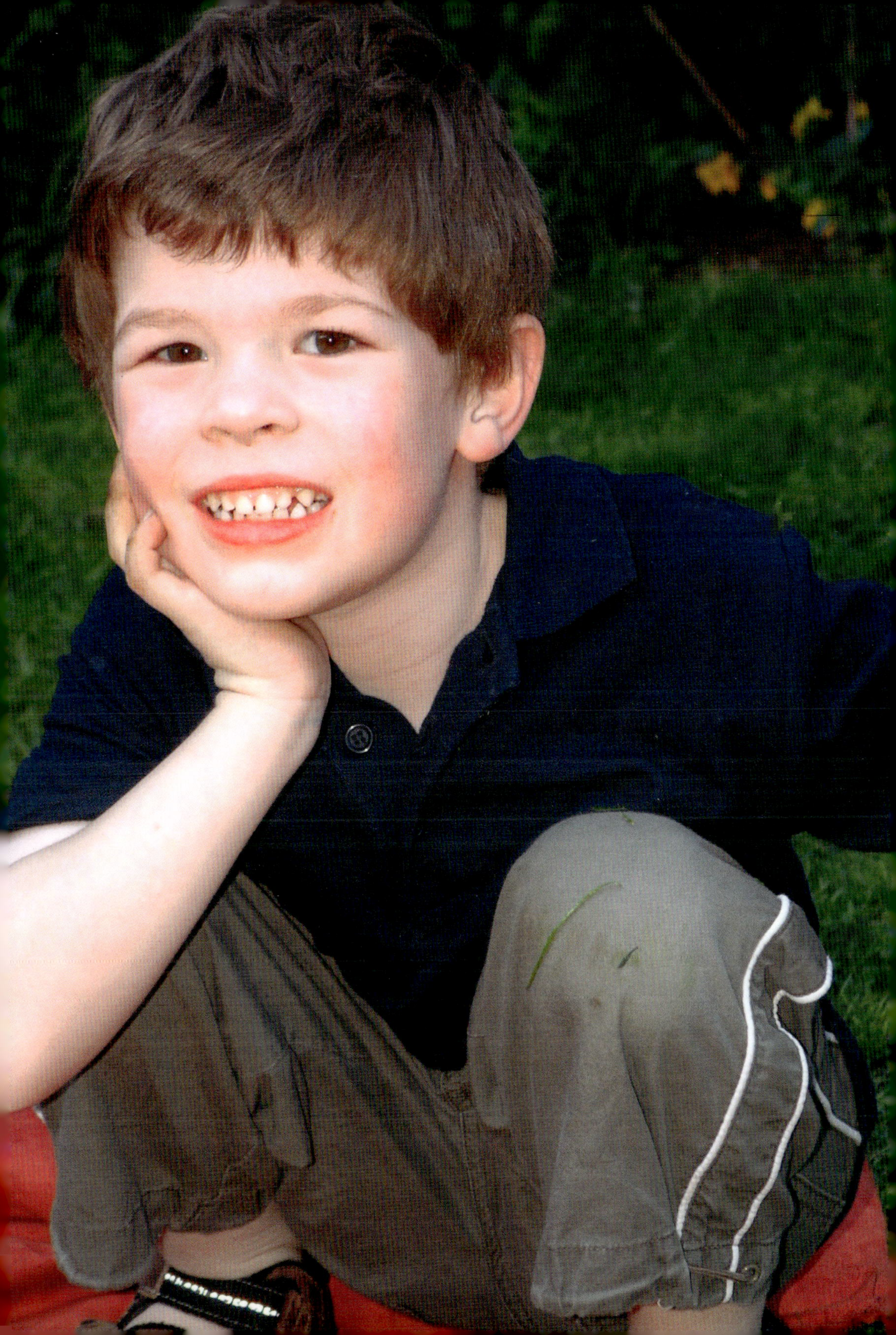

Die Ehe ist eine Gemeinschaft zweier unabhängiger Menschen

Warum gibt es Streit, Zwietracht, Konflikte und Ehescheidungen? Das liegt häufig daran, dass zwei Menschen eine Ehegemeinschaft eingehen, weil sie eine Stütze im Leben suchen. Jeder von ihnen hat so seine Idealvorstellungen von der Ehe und der Ehepartner soll seine Träume wahr werden lassen. Zwei verschiedene Sehnsuchtsprofile und Idealvorstellungen prallen aufeinander. Zwei Menschen, denen es an Substanz mangelt, erwarten jeweils voneinander die maximale Erfüllung und Geborgenheit im Leben. Aber wie kann man sich an jemanden anlehnen, der schwächer ist als man selbst? Wie soll man Zufriedenheit erlangen, wenn der andere einem sein Verlangen nicht stillen kann? Man sieht junge Ehepaare Händchen haltend durch die Straßen gehen. Vielfach hegen sie viel zu überzogene Erwartungen voneinander. Sind diese tatsächlich zu hoch gespannt, können sie leicht enttäuscht werden. Dann glauben Paare, dass ihre Ehe brüchig geworden ist, ihre Liebe erloschen, dass sie sich auseinander gelebt haben und dass eine derartige Beziehung nicht mehr weiter gepflegt werden kann. In Wirklichkeit sind nur zwei Charakterschwächen virulent geworden, und die zum Scheitern verurteilten Ideale und gegensätzlichen Erwartungen sind zu Fall gekommen. Zwei substanzlose Persönlichkeiten wollten einander mit gegenseitiger Leere ausfüllen.

Die Ehe ist ihrem Wesen nach ein Bund zweier eigenständiger Menschen. Einer könnte ohne den anderen leben, denn beide sind autark und im Stande, ein autonomes Leben zu führen. Sie schließen jedoch eine Ehe, weil sie

einander bereichern wollen. Im Grunde brauchen sie jedoch nichts voneinander. Deshalb ist es in der Ehe wichtig, dass sowohl Mann als auch Frau gelegentlich ihre Zeit allein verbringen, um zu meditieren und auf ihre individuelle Art und Weise beten, damit sie tatsächlich einander reicher machen können. Es ist auch wichtig, dass sie bei ihrer Arbeit und in ihrem Beruf eigenverantwortlich handeln. Durch die Liebe sollen sie miteinander und mit ihren Kinder verbunden sein und nicht etwa durch Geschäftsinteressen. In der Ehe kann man miteinander Kaffee trinken, ihn aber nicht aus derselben Schale genießen. Man kann das gleiche Menü zu sich nehmen, aber jeder der Partner wird sich anders daran delektieren. In der Ehe ist es ganz normal, dass Mann und Frau verschiedene Ansichten und Meinungen vertreten, aber dennoch die gleichen Lebenswerte besitzen und nach gleichen moralischen Prinzipien handeln. Wenn beide in ihrem Schöpfer verwurzelt sind, werden sie durch ihre gemeinsamen Begegnungen bereichert werden. Gespräche werden ihnen Rückhalt geben und gemeinsame Gebete ungeheure Kraft spenden, um ihre Lasten tragen zu können. Die Ehe ist kein Zusammenschluss zweier kongruenter Persönlichkeiten. Die Bedeutung der Ehe liegt darin, dass sich zwei Menschen ihre konträren Naturelle zum Geschenk machen. Jemand, der unfähig ist, ein eigenständiges Leben zu führen, eignet sich nicht für die Ehe. Ein Mensch bereitet sich für die Ehe vor, indem er seine innere Weiterentwicklung vorantreibt, um Authentizität bemüht ist, eine persönliche Autonomie anstrebt, sich eine Lebensgrundlage schafft, um sich letztlich im Leben orientieren zu können. Dann sind die Ehepartner nämlich nicht abhängig voneinander. Nur aus der Eigenständigkeit heraus können sie sich gegenseitig bereichern. Sie sind glücklich, weil sie Gesprächsstoff haben. Sie sind auf Grund ihrer Unabhängigkeit ein kostbarer Schatz füreinander. Sie haben sich selbst in ihrer Hand. Eine auf dieser Grundlage beruhende Ehe ist der Gipfel des Glücks.

Sich das Leben organisieren

Das folgende alte Sprichwort ist nach wie vor aktuell: „Ordnung ist das halbe Leben.“ Eine Dosis Selbstdisziplin erleichtert das Leben immens. Wir sind in eine schnelllebige Welt hineingeboren. Unser stetiger Einsatz, unsere Kreativität und unsere Initiativen sind gefordert. Trotz der schnellen Transportmittel gelangt der Mensch nicht überallhin. Es wird immer mehr Wert auf Pünktlichkeit gelegt, denn niemand will kostbare Zeit verlieren. Der Mensch ist überfordert, weil er unzählige Aufgaben und Termine zu bewältigen hat. Nicht die dienstlichen Verpflichtungen laugen den Menschen aus, sondern das Höllentempo, mit dem er unterwegs ist. Aber auch die geforderte Windeseile ist nicht so aufreibend wie die innere Nervosität. Mit einer strikten Tagesplanung würde man der Zeitfalle entkommen. Viele vergessen Termine, wichtige Dinge zu erledigen und Dokumente zu unterschreiben, weil es unmöglich ist, alles im Kopf zu behalten. Manchmal ist man zu nachlässig, bereits am Morgen eine Zeiteinteilung dringend zu erledigender Aufgaben vorzunehmen. Manche haben sogar einen eigenen Arbeitsplaner, sind aber nicht im Stande, sich daran zu halten. Es gibt aber auch solche Menschen, die ihren Arbeitsplaner regelmäßig verlegen.

Es ist wichtig, einen Tageskalender zu führen und bereits am Vorabend Aufgaben für den nächsten Tag zu definieren und einzutragen. Den einzelnen Aktivitäten soll auch der für sie einberechnete Zeitaufwand zugeordnet werden. Setze alles daran, dass es dir gelingt, deine zu erledigenden Aufgaben auch auszuführen. Du möchtest ja kein Drückeberger sein, sondern jemand, der

seine Pflichten ernst nimmt und sie auch prompt erfüllt. Aber nur Übung macht den Meister. Mit einer Aufgabenliste im Tagesplaner ist man optimal gerüstet. Man spart Energie und kann vollkommen gelassen an die Aufgaben herangehen. Langsam wird sich mit der Routine auch die Kondition einstellen, die man für die Erledigung seiner täglichen Pflichten benötigt.

Nach getaner Arbeit macht sich Zufriedenheit breit. Man braucht sich nämlich nicht mehr mit dem Gedanken herumzuschlagen, ob auch alles unter Dach und Fach ist. Alles, was getan werden musste, fand Eingang in deine Arbeitsliste. Du konntest auch Auszeiten und Entspannungsphasen festlegen. Du wirst ruhig schlafen und ausgeruht den Tag beginnen können. Plötzlich wirst du all deinen Aufgaben gewachsen sein und keinen Stress mehr verspüren. Du wirst das Gefühl haben, allem gewachsen zu sein. Auf Grund deiner Selbstverwirklichung wirst du merken, dass du ein erfülltes Leben lebst. Du wirst den Sinn deines Lebens erfassen.

Du wirst dich bester Gesundheit erfreuen, wenn du in all deinen Unternehmungen diszipliniert bist. Menschen gehen ins Kloster und Studenten studieren gerne auf Colleges, denn dort lernen sie die Selbstdisziplin und ein geordnetes und arbeitsames Leben zu führen. In diesen Institutionen sind Ruhepausen und Arbeitszeiten streng festgelegt. Es gibt also keine Nervosität, kein Scheitern und kein Burn-out. Alles ist zeitlich geregelt. Ist man jedoch mangelhaft organisiert, kreisen Aufgaben und Pflichten auch während der Pausen, in der Freizeit und im Schlaf ständig im Kopf herum. Ohne die richtige Einteilung verschleuderst du sinnlos deine Auszeiten für die Erledigung von Pflichten. Du hast dann niemals frei und bist nie dein eigener Herr. Auch deine Pflichten erfüllst du nicht zeitgerecht. Beherzige also das altbewährte Sprichwort: „Ordnung ist das halbe Leben."

Der ideale Urlaub

Es ist allgemein bekannt, dass gemächliches Arbeiten den Menschen nicht erschlafft, sondern glücklich macht. Damit soll gesagt werden, dass Auszeiten nicht Müßiggang bedeuten. Arbeitspausen verschaffen dem Menschen Erholung. Beim Sport handelt es sich sogar um Schwerstarbeit. Schwimmen, Walken und Gymnastik gelten als Freizeitaktivitäten. Über große Persönlichkeiten hört man gelegentlich, dass sie berühmt wurden, weil Arbeit für sie als Erholung galt. Zuerst befassten sie sich mit geistiger Arbeit, um anschließend eine andere Tätigkeit in Angriff zu nehmen, die sie entspannte oder jenen Teil des menschlichen Körpers entlastete, der zuvor noch beansprucht wurde. Gleichzeitig wurde jener Bereich des menschlichen Organismus stimuliert, der bis zu jenem Zeitpunkt apathisch war. Erholung kann bedeuten, ein Buch zu lesen und nach einer gewissen Zeitspanne ein anderes Buch zur Hand zu nehmen, das ein anderes Thema behandelt. Es steht zwar beide Male das Lesen im Vordergrund, aber verschiedene Themenbereiche aktivieren und entspannen jeweils andere Gehirnareale. Während ich lese oder lerne, kann ich auch aufstehen und diese Tätigkeiten stehend verrichten. Während ich einen Tätigkeitsbericht studiere oder eine andere Materie analysiere, kann ich auch einen fachlich kompetenten Experten zurate ziehen und mit ihm die Angelegenheit besprechen. Aber die Quintessenz einer jeden Erholung und Arbeitsphase besteht darin, ohne Eile und Hast, sondern besonnen an die Aufgabe heranzugehen. Man muss sich unverzüglich der anstehenden Tätigkeit zuwenden und alle Energien mobilisieren, um nicht

unnötig Zeit verstreichen zu lassen, in der man ermüden oder von etwas anderem in den Bann gezogen werden könnte. Höchst konzentriert kann man effizienter lernen und schneller eine Problemlösungsstrategie entwickeln. Während der Mensch mit all seinen Sinnen bei der Sache ist, kennt er keine Nervosität und bleibt daher ausgeglichen. Menschen, die leicht von einer Tätigkeit zur anderen wechseln und dabei auch abschalten können, sind erfolgreich und gelassen. Es ist wichtig, zu anderen Dingen, die nicht an der Tagesordnung stehen, ohne Reminiszenzen im Schlepptau, immer Abstand zu halten und immer bei der Sache zu sein, die gerade angesagt ist. Dabei gilt es, Contenance zu bewahren.

Eine Ruhepause zu machen, bedeutet nicht, untätig da zu sitzen, sondern sich ein neues Betätigungsfeld zu suchen. Ist man körperlich müde, so ist es eine Wohltat zu beten oder ein gutes religiöses Buch zu lesen. Das erquickt die Seele, wodurch sie den Körper wieder aufzurichten vermag. Nach physischer Anstrengung ist geistige Betätigung ideal. Die Hauptsache ist, bei allen Unternehmungen Ruhe zu bewahren und die vorangegangene Tätigkeit aus den Gedanken zu entlassen. Beherzigen wir diese Anregungen, werden wir nicht fehlgehen.

Die Bedeutung der Evangelisierung

Evangelisieren bedeutet nicht, einem Andersgläubigen die katholische Religion aufzuzwingen, ihn in die Kirche zu schleppen oder fromm zu machen. Es heißt in erster Linie, den Menschen mit jener Kraft zu wappnen, die Jesus Christus in die Welt brachte. Es heißt, den Menschen die spirituelle Intelligenz und den Geist Gottes zu offerieren, um ihn zur Freiheit und Unabhängigkeit zu führen, ihn dem Bösen und dem Hass, den Drogen und dem Alkohol zu entreißen. Dadurch tritt der Mensch ins Licht, in dem er die ganze Problematik seines Agierens sehen kann und das richtige Gespür für politische, kulturelle und wissenschaftliche Prozesse entwickelt. Evangelisieren heißt im Grunde genommen, den Menschen auf Gott, auf den Sinn seines Lebens und auf die Freude des Menschseins zu verweisen. Es ist falsch zu denken, dass das Evangelisieren darauf abzielt, jemanden in den christlichen Ritus, die Moral, das Gebet, die Glaubenspraxis, in die christlichen Bräuche und den sonntäglichen Gottesdienst einzuführen. Die Kirche reicht dem Menschen Gott selbst dar. Nimmt er dieses Angebot an, ist es ihm eigentlich unmöglich, ein unmoralisches Leben zu führen. Jemand, der den Entschluss fasst, in die Kirche einzutreten, wird gerne aufgenommen. Seine Dienste bei der Sonntagseucharistie sind willkommen. Er ist auch aufgerufen, die Gemeinschaft in der Kirche zu pflegen. Hier muss man aber zwischen zwei Polen unterscheiden. Alle Menschen haben ein Recht auf Erlösung, die durch Evangelisierung erlangt wird. Das bedeutet konkret, dass jene, die sich innerlich

dazu berufen und im Stande fühlen, anderen Jesus Christus und den Sinn des Lebens zu vermitteln, zum Mitglied der Kirche werden. In diesem Zusammenhang habe ich folgenden Satz des heiligen Johannes Chrysostomus (Goldmund) gelesen, der mich schockierte: „Nichts ist so schrecklich wie ein Christ, der die Erlösung anderer Menschen nicht protegiert." Nichts ist so schlimm wie Christ zu sein und die Evangelisierung anderer zu unterlassen. Zu dulden, dass Menschen leiden, weil sie den Sinn des Lebens nicht erkennen und nicht die Kraft besitzen, dem Bösen zu trotzen, sich aber selbst in religiöser Selbstzufriedenheit zu sonnen, ist furchtbar. Geistliche, Ordensleute und Laien sind aufgerufen, sich zu engagieren. Die vordergründigste Aufgabe dieser Welt ist es, Menschen zu evangelisieren. Wenn du auch nur einem einzigen Menschen hilfst, den Sinn seines Lebens zu finden, seine Lebenssituation zum Besseren zu wandeln, und er den Schöpfer dieser Welt erkennt, in dessen Hand sich die Geschicke der Menschheit befinden, dann bist du sicher gerettet und dein Lebenssinn ist erfüllt.

Denke positiv

Während der Lebenskrisen darf man sich nie dem Kummer hingeben. Man darf nie die Flinte ins Korn werfen und sich auf das aktuelle Problem fixieren. In Glücksphasen ist eine andere Reaktion angebracht als in Zeiten, in denen wir von Pech verfolgt werden. Es ist wichtig, sich in das Glück ganz und gar hineinzudenken, in das Gute einzutauchen. Die Grundregel bei Misserfolg lautet jedoch, den Blick vom Bösen, dem Konflikt und der Schwierigkeit abzuwenden und sich vielmehr Problemlösungsstrategien zurechtzulegen. Konzentrierst du dich auf deine Krankheit und gerätst dabei ins Grübeln, wird sie dich zermürben. Malst du dir aus, was dir beim Überqueren einer Brücke, bei einer Flugreise oder Autofahrt alles zustoßen könnte, wirst du außer Stande sein, dich auf die beschriebenen Arten fortzubewegen. Suggerierst du dir ein, dass du bei einer Operation eine Sepsis bekommen oder überhaupt an einer unheilbaren Krankheit erkranken könntest, dann wird dir das Böse tatsächlich widerfahren. Indem du deine Gedanken und deinen Geist auf die Krankheit programmierst, wird sich diese tatsächlich langsam heranschleichen. Sie wird sich herausgefordert fühlen und sich in deinem Organismus festsetzen. Lass dich vom Grundsatz leiten, dass du alle Kraft für die Suche nach dem glücklichen und rettenden Ausweg aus dem Bösen, der Depression und dem Selbstmitleid mobilisieren musst. Verschreib dich nicht der Einsamkeit, dem Kummer, der Krankheit, sondern entwerfe Visionen der Gesundheit, des Friedens, des Erfolgs, der Freude und eines sinnerfüllten Lebens. Solltest du dich einmal geneigt fühlen, dich selbst

zu bedauern, und es erfasst dich Melancholie, erzähl dir selber einen Witz. Lache über dich. Du wirst sehen, dass du deiner Trübseligkeit Herr werden wirst. Sollte dich unerträglicher Kummer quälen, versuche dir selbst zuzu-lächeln. Ist die Situation noch so tragisch, immer ist darin auch ein Körnchen Humor verborgen.

Konzentriere dich in guten Zeiten vollständig auf deine positiven Leistungen und identifiziere dich mit ihnen. Behalte in schlechten Phasen immer den erlösenden Ausweg aus der Misere im Auge. Derjenige, der an das Gute glaubt, vermag alles. Resigniere daher niemals in Krisensituationen. Lass nie deine Segel streichen. Denke nie negativ, denn gerade das bezweckt ja dein Feind. Erwache aus deiner Lethargie. Denke positiv, bete, lies einen Satz aus der Heiligen Schrift, sei gut zu dir selbst. Entrinne deiner Einsamkeit, deinem Kummer und deiner Krankheit. Sei erhaben über deine Lebensnöte. Blicke stets über die eigene Mauer, dann wirst du an jenes Ziel gelangen, an dem du dich wähnst. Lass dich vom Bösen nicht unterkriegen, sondern verschreibe dich mit Haut und Haar nur dem Guten.

Inhalt

Biographie

TOMISLAV IVANČIĆ wurde 1938 in Davor, Kroatien, geboren. Nach dem Studium derPhilosophie und Theologie in Zagreb wurde er 1966 zum Priester der Erzdiözese Zagreb geweiht. Die weiterführenden Studien an der päpstlichen Universität Gregoriana in Romschloss er mit dem Magisterium in Philosophie und dem Doktorat in Theologie ab. Im Jahre1971 wurde er zum Professor an der Katholisch-Theologischen Fakultät der Universität Zagreb ernannt. Dort hat er den Lehrstuhl für Fundamentaltheologie inne. Er ist Mitarbeiter zahlreicher in- und ausländischer theologischer Zeitschriften. Seit 1983 ist er Kanonikus am Zagreber Domkapitel.

Seine wissenschaftlichen Arbeiten sind auf dem Gebiet der Philosophie, Theologie und Literatur angesiedelt. Im Besonderen beschäftigt er sich mit der Wechselbeziehung zwischen der Philosophie und Theologie. Wie sind Glaube und Wissenschaft miteinander zu vereinbaren, worin liegen die Beweggründe für den gegenwärtigen Atheismus, wie kann der Mensch seine Spiritualität konstruktiv leben, wie soll der Glaube in der Kirche und in den kirchlichen Gemeinschaften effizient verkündet werden – all das sind Themen, die Tomislav Ivančić beschäftigen. Sein Interesse gilt nicht nur dem Christentum im Allgemeinen, sondern auch den bestehenden Weltreligionen. Dabei untersucht er auch das Phänomen der Sekten.

Seine Domäne ist jedoch die Existenzialforschung des Geistes, denn gerade auf diesem Gebiet ist moderne Evangelisierung bitter nötig. Ivančić sieht auch die Notwendigkeit einer Medizin, die außer der physischen und psychischen Seite, auch den Geist mit einbezieht und dadurch den Menschen als Ganzes heilt. Hier sind in erster Linie Erkrankungen des Geistes und verschiedene Süchte angesprochen. Invanäiç entwickelte zu diesem Zweck eine neue

Heilmethode, und zwar die *Hagiotherapie* und gründete als weiteren Schritt in seiner Tätigkeit im Jahre 1990 das Zentrum für die Heilung des Geistes in Zagreb, dessen Leiter er ist.

Seit dem Jahre 1971 war er auch als Studentenseelsorger in Zagreb tätig und regte eine Gebetsinitiative innerhalb der Kirche Kroatiens an. Er begründete die Gebetsgemeinschaft *Wort und Gebet* (*MiR*/Friede) und leitete zahlreiche nationale und internationale Seminare für die spirituelle Erneuerung und Evangelisierung des modernen Menschen. Seit 1990 bildet er im In- und Ausland Hagiotherapeuten aus und schult Assistenten für die Evangelisierung der Welt. Viele seiner Artikel und Bücher wurden auch in andere Sprachen übersetzt.

Von 1998 bis 2001 war er Dekan der Katholisch-Theologischen Fakultät in Zagreb. Im September 2001 ist er zum Rektor der Universität Zagreb gewählt worden.

Papst Johannes Paul II. wählte ihn am 9. Feber 2004 zum Mitglied der Internationalen Theologischen Kommission, welche Joseph Kardinal Ratzinger, der nunmehrige Papst Benedikt XVI., vormals leitete.

Bücher von Tomislav Ivančić:

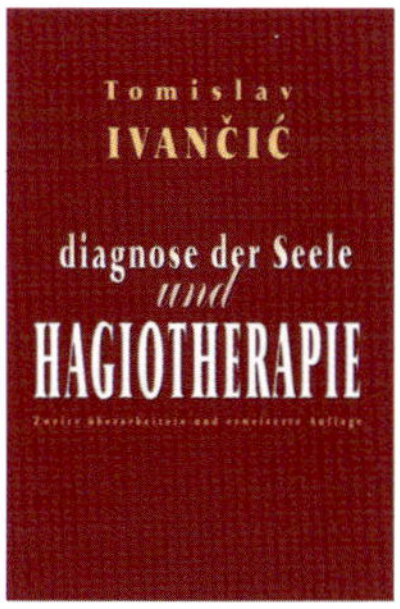

Diagnose der Seele und Hagiotherapie
EUR 20,00

Gott verändert
EUR 11,20

Heilungsgebete
EUR 3,00

Heilung im Gebet
EUR 7,50

Grundlagen der Hagiotherapie
EUR 9,40

Für eine bessere Welt
EUR 7,50

Dem Menschen geistlich helfen
EUR 12,20

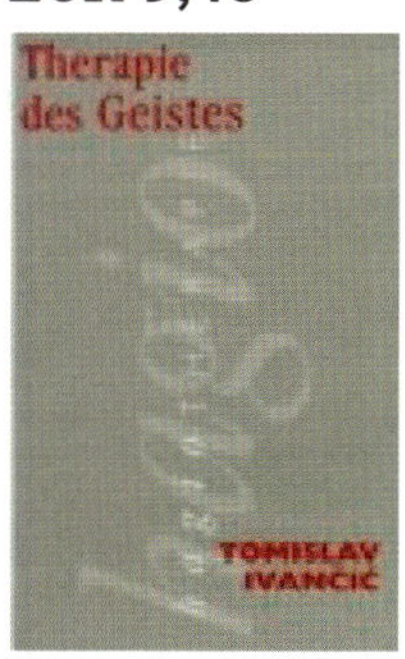

Therapie des Geistes
EUR 9,40

Die Wiederkehr der Hoffnung
EUR 7,50

Für Ermüdete

EUR 9,40

Aggressivität und Vertrauen

EUR 7,90

Folge mir nach

EUR 4,20

Begegnung mit dem lebendigen Gott

EUR 14,00

Wer ist Mensch?

EUR 5,20

ABBA, Lieber Vater Meditationen

EUR 7,50

So sollt Ihr beten

EUR 12,20

Wie Familie und Ehe zu heilen sind

EUR 13,50

Wenn du Verzeihst

EUR 13,50

33 Meditationen

EUR 11,90